誰もが認める実力店長シリーズ ❹

実力店長の
店舗内活性化編

ディー・アイ・コンサルタンツ 編著

はじめに

　店長にはやることがたくさんある。あれもしなければ、これもしなければと考えながらも日々の業務に追われていることもたびたびである。いざ、何か新しいことに挑戦しようと思ったり、もっと今の職場を良くしようと思ったりしても、どうして良いのか分からないことが多いのではないだろうか。

　この本で述べているのは「あるべき論」ではない。店長が「**すぐに使え、確実に効果がある**」ものばかりである。現場で必要なこと、現場で悩んでいることをすぐに解決できる内容である。目の前のことが1つひとつ解決できなければ大きなことにチャレンジはしにくいだろう。この本を参考にまずは目の前の課題を解決しよう。そのための具体的なやり方がこの本には載っている。

　最初から読んでも良いし、自分の気になるところを読むだけでも構わない。とにかく読み進めていこう。そして、**参考になったものはすぐに活用**しよう。必ず効果がでるはずだ。

　それでは早速一緒に考えていこう。

【基本的な考え方】

　本シリーズ全巻を通して基本的な考えがある。これだけは押さえておいて欲しい。このシリーズはこの考え方で一貫している。

《店長の仕事》

　「店長の仕事」とは一言でいうと何だろうか。それは、「適正な利益を獲得し続ける」ことである。私たちの仕事は「利益」を獲得することである。それは、なぜだろうか。

　利益を確保することによってお店を存続させることができる。お店が存続

するということは会社が存続することである。また、利益を出すことによって新たに出店でき会社をより大きくすることが可能なのだ。会社が大きくなればそれだけ人を採用することもできるし、私たちの待遇もより良い方向に変えることができるのだ。また、利益を確保することによって税金を納め、税金を通して地域に貢献することができる。ゆえに、私たちの仕事＝責任とは利益を確保することと言える。

　ただし、ここでのポイントは「適正」な「利益」を確保することである。何が何でもムリして利益を出すことが大切なのではない。ムリの無い状態で、言い変えるならば「お客様」「従業員（自分も含めて）」「会社」にムリやメイワクを掛けずに利益を確保することが大切なのである。まずはこれを押さえて欲しい。

《利益のピラミッド》

　店長の仕事＝責任は「適正な利益」を確保することである。では、そのために必要なことは何だろうか。それは「売上」である。売上が横ばいや下がっているなかで利益を出し続けることは難しい。利益を無理なく出し続けるためには「売上」を上げていくことが必要なのである。

　「売上」を上げるためには何が必要だろうか。売上は店舗にお客様がもたらす。一度来られたお客様がまた来てくださることによって売上は維持向上されていくのだ。そのためには初めて来られたお客様にも、また今まで来られていたお客様にも常に満足していただく、最低でも嫌な思いを感じさせないことが大切なのだ。そのために必要なのは「顧客満足」である。

　「顧客満足」を得るためにはどうすればよいのだろうか。あなた一人のお店であれば別に自分ひとりが気をつければ良い。だが、あなたたちは複数の人が集まって仕事をしている。すると時にはお客様に不満を与えてしまうこともあるだろう。それを解消するために必要なのは「教育・訓練」である。一人ひとりトレーニングを行うことである。

　「教育・訓練」で何を教えるのかと言えば「会社の理念（経営理念・企業

はじめに

図表1　利益のピラミッド®

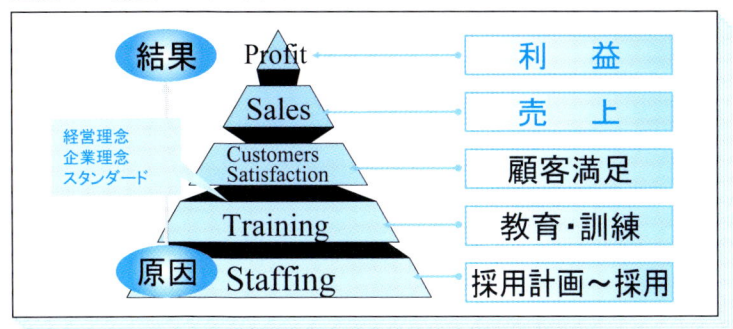

結果
- Profit — 利　益
- Sales — 売　上
- Customers Satisfaction — 顧客満足
- Training — 教育・訓練
- Staffing — 採用計画〜採用

原因

経営理念
企業理念
スタンダード

※このピラミッドを積み重ねる土台が「人と人との関係づくり」（人間関係）である。

理念）・店舗方針・お店のスタンダード（当たり前のことを当たり前にする）」である。難しく考えることはない。会社・店舗の考え方を繰り返し伝えるのと、やらなければならないことを教え実行させることである。

「教育・訓練」をする前に大切なのは「人の確保＝採用・定着」である。適正な人数がいなければ教育・訓練もままならないし、顧客満足も得られることはない。最初は「採用」である。

図表1のように「適正人数を確保しやめさせない」。その上で「教育・訓練」し「顧客満足」を得続けるお店にすることで、結果「売上」「利益」が確保することができるのだ。

私たちに求められるのは「利益＝結果」である。結果を出すためには、採用、教育を徹底しておこなうことが大切なのだ。

このシリーズではこの利益のピラミッドに基づいて構成されている。今回は全ての土台となる「人と人との関係づくり」（人間関係）と店舗スタッフの「モチベーションアップ」である「店長が行う店舗内活性」についてみていこう。

店舗で一緒に働くスタッフ一人ひとりとの関係を深め、モチベーションをアップさせていくことが大切である。

【本書の使い方】

　本書は一章ずつ独立している。自分の解決したい箇所だけ読んでもらっても構わない。最初から読み進める必要はない。知りたいこと、解決したい箇所のみ読み進めて欲しい。

　ただし、良い結果を出すためには行動することだ。一章の中の全てを実行する必要もない。自分が気になったものだけを取り組んで欲しい。1つひとつ進めることである。

　本書は大きく3つの内容になっている。

《読み物》

　テーマに対して「基本的な考え方」⇒「具体的な進め方」⇒「まとめ」⇒「ポイント」で構成されている。考え方から読み始め、具体的な進め方では全てではなく気になるところのみ読んでほしい。その際にポイントを押さえることだ。

《ツール》

　テーマに対して効果のでるツールの紹介である。読み物を読んでからツールを活用するとより効果が発揮できる。ただ、このツールのみを活用しても効果があがる。気になったものはどんどん活用していこう。

※ツールはより効果が出るように分けて、後ろにまとめてあるので参考にしてほしい。

《行動すること》

　繰り返しだが、行動することで結果がでる。気になったものからぜひ実践して欲しい。図表をふんだんに載せているのでそのまま活用してもらっても構わないし、自分なりのやり方に変えてもらっても構わない。とにかく行動することだ。

【本書のねらい】

　本書では皆さんと一緒に「人間関係」について考えていく。何をするのにも良い人間関係を作ることが土台となるからだ。そこで、

　①　お客様・スタッフと良い人間関係を作る方法
　②　店舗全体のやる気を引き起こす方法
　③　店長が注意したい人間関係を悪くする「こじれる会話」
　④　良い人間関係を作る簡易ツール集

について1つずつ解説していく。

　①～④までを今の現状に照らし合わせて、必要なところから見ていってもかまわない。だが最終的には、すべてが連動してはじめて継続して結果が出てくる。順番はいろいろな所から始めたとしても、ぜひとも最後は全ての項目に取り組んで欲しい。

● 目　　次 ●

はじめに ……………………………………………………………… 1

Ⅰ　お客様・スタッフとの良い人間関係の作り方
　　〜コミュニケーションを通して信頼関係を作り、
　　　結果を出す方法〜

　1　スタッフの良い人間関係の作り方 ………………………… 12
　　　「店長のコミュニケーション力をアップする方法」
　2　短い時間でお客様・スタッフと信頼関係を築く5つの技術 ……… 20
　　　「短時間で人と良い関係を築く方法」
　3　「うまくいく会話」と「うまくいかない会話」………………… 27
　　　「会話のルール」を知る
　4　相性チェックでスタッフ、お客様との接し方を知る ……… 35
　　　「スタッフ、お客様との良い関係を作るために」

Ⅱ　モチベーションアップ
　　〜店舗全体のやる気を引き起こす方法〜

　5　スタッフのモチベーションアップ ………………………… 56
　　　「周りをやる気にさせる店長のアプローチ法」
　6　チームワークを作り、モチベーションアップするための
　　　店舗内活性化ミーティング …………………………………… 61
　　　「皆を巻き込み、モチベーションをアップさせ結果を出す方法」

Ⅲ　こじれる会話をなくす
～店長が注意したい人間関係を悪くする「こじれる会話」～

7　生産性のない会話をやめる ………………………………………… 80
　　「こじれる会話をなくす方法」

こじれる会話1：答えを求めながらも全て否定するこじれる会話 …… 82
こじれる会話2：自分を否定するこじれる会話 ……………………… 84
こじれる会話3：指摘を何度もしなければならない、こじれる会話 … 87
こじれる会話4：繰り返し言ってもルール違反が直らない、 　　　　　　　　こじれる会話 ……………………………………… 90
こじれる会話5：言い訳ばかりする部下とのこじれる会話 ………… 93
こじれる会話6：値引きから始まるこじれる会話 …………………… 96
こじれる会話7：言動不一致のこじれる会話 ………………………… 99
こじれる会話8：思い込みが招く、こじれる会話 …………………… 102
こじれる会話9：否定が招く、こじれる会話 ………………………… 105
こじれる会話10：事実と感情の混じった、こじれる会話 ……………… 108

Ⅳ　すぐに使えるコミュニケーションツール
～簡単に使え、結果の出るツール集～

8　簡単に作れすぐに使えるコミュニケーションツール ……………… 114
　　「ツールを使って良い人間関係を築く」

すぐに使える簡単ツール①：サンキューカード 　　「認めていることを伝えよう！」	……115

すぐに使える簡単ツール②：ハローチケット 　　「前向きな店舗を全員でつくる」	…… 118

目　次

- すぐに使える簡単ツール③：ナイスボード …… 121
  「できていないことをできるようにする」

- すぐに使える簡単ツール④：グッジョブカード …… 124
  「トレーニング後の評価でモチベーションアップ」

- すぐに使える簡単ツール⑤：理念ボード …… 127
  「店舗の目標と個人目標をひとつにする」

- すぐに使える簡単ツール⑥：コミュニケーションボード …… 130
  「情報を共有し、意思統一をはかる」

- すぐに使える簡単ツール⑦：フィードバックカード …… 133
  「気付きをうながし改善する」

- すぐに使える簡単ツール⑧：スマイルシート …… 136
  「スタッフの笑顔を増やす」

- すぐに使える簡単ツール⑨：おほめポスター …… 139
  「お客様のおほめの言葉を伝えモチベーションアップ」

- すぐに使える簡単ツール⑩：取材シート …… 142
  「ベテランスタッフと新人スタッフの関係作り」

V　チェックシート …… 145

おわりに …… 147

Ⅰ　お客様・スタッフとの良い人間関係の作り方

～コミュニケーションを通して信頼関係を作り、
　結果を出す方法～

I　お客様・スタッフとの良い人間関係の作り方

1　スタッフの良い人間関係の作り方
「店長のコミュニケーション力をアップする方法」

《基本的な考え方》

　店長として店舗で結果を出すのに大切なことはなんだろうか。

　知識や経験も確かに大切である。だが、一番ポイントとなるのは店舗内で良い「人間関係」を築くことである。一緒に働くスタッフとの関係やスタッフ同士の関係が良好だからこそ、お客様に対しても良い印象を与えることができるのだ。

　最初に図表2のチェックシートをつけてみよう。

図表2　チェックシート：当てはまるものに○をつけてみましょう

1	ここ最近スタッフが辞めていくことが多い	
2	スタッフからの提案がまったくない	
3	自分の言うことを聞かないスタッフがいる	
4	スタッフのやる気が感じられない	
5	あいさつしないスタッフがいる	
6	店内に派閥がある	
7	スタッフに新たなことにチャレンジしようという意気込みがない	
8	スタッフが愚痴や不満を言っている	
9	スタッフ指示すると「できません」が返ってくることが多い	
10	店内の人間関係が良くないと感じる	

※○が1つでもつくようであればあなたと周りの人間関係がうまくいっていいない可能性があります。ぜひ人間関係を良くするルールに取り組んでみましょう。

1　スタッフの良い人間関係の作り方

　良い人間関係を築ける人と苦手な人との差はどこにあるのだろうか。人間関係が築ける築けないは生まれつきのものではない。その違いはごくわずかなことである。人間関係がうまくいく人はうまくいくルールに従っているし、人間関係を悪くしてしまう人は悪くしてしまうルールに従っているのだ。つまり、人間関係がうまくいくルールに従えば関係は良くなるのである。
　一人で何でもできる店長であっても、スタッフとの良い人間関係をつくられなければ店舗では結果は出せない。

《具体的な進め方》
【良い人間関係をつくる方法】
　店長としてはスタッフと良い人間関係を作ることである。そのためにはプラスの言葉をなげかけることだ。
　では、あなたは周りにプラスの言葉をかけているだろうか。周りに対してどのように接しているかをチェックしてみよう（図表3）。
　チェックしたならば、縦に計算して合計点を出し、線グラフを作ってみよう。

【ストローク】
　私達が人に会った時には「あいさつ」をしたり「声をかけたり」「会釈をしたり」と、何かしらその人に向けて行動する。これらの行動全てを「ストローク」という。
　「ストローク」には大きく2つある。1つは「肯定的なストローク」、もう1つは「否定的なストローク」である。
　「肯定的なストローク」とはもらうと良い気分になり、やる気の出るものであり、「否定的ストローク」とはもらうと嫌な気分になり、やる気が出にくいものである（図表4）。
　最初の「チェックシート」は周りに対してどのような「ストローク」を出しているかをチェックしてもらった。ここで大切なのは、常に「肯定的スト

Ⅰ　お客様・スタッフとの良い人間関係の作り方

図表3　ストロークチェック表

		A	B
1	あいさつは大きな声で自分から先にするほうだ。		
2	スタッフのできていないところを指摘することが多い。		
3	常に笑顔で接している。		
4	どちらかと言うと険しい顔のことが多い。		
5	ルールや規則は相手の立場に立ってわかりやすく説明する。		
6	ルールや規則は守るように厳しく言うほうだ。		
7	改善点は相手が理解できるように具体的に説明している。		
8	ついかっとなって厳しく注意することがある。		
9	スタッフの悩み相談などにのることが多い。		
10	ついつい皮肉を言ってしまう。		
11	スタッフに励ましの言葉やメールを送ることが多い。		
12	この半年スタッフ全員と面談をしていない		
13	常に相手の良いところを伝えることを心がけている。		
14	いやみな言い方で相手を困らせることがある。		
15	複数で行う仕事は相手の都合を考えてすすめる。		
16	一方的な言い方をしてしまうことがある。		
17	スタッフにねぎらいや感謝の言葉を欠かさない。		
18	間違いや不正は人前でも厳しい口調で正すほうだ。		
19	失敗して落ち込んでいる人には一声掛けている。		
20	小さな失敗でも厳しく叱ってしまうことがある。		
		A	B

※左の質問にあてはまる「2」あてはまらない「0」どちらともいえない「1」を右の空白に記入してください

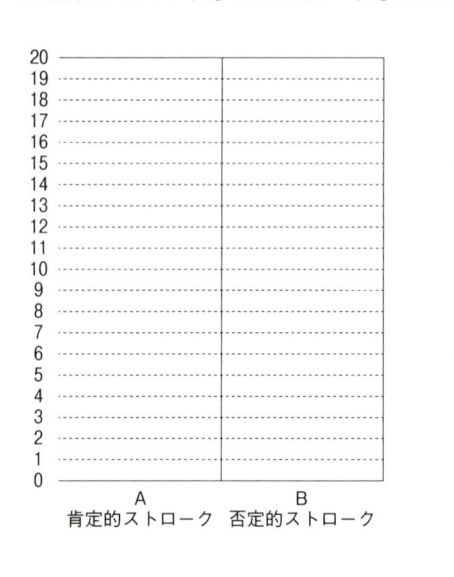

（例）

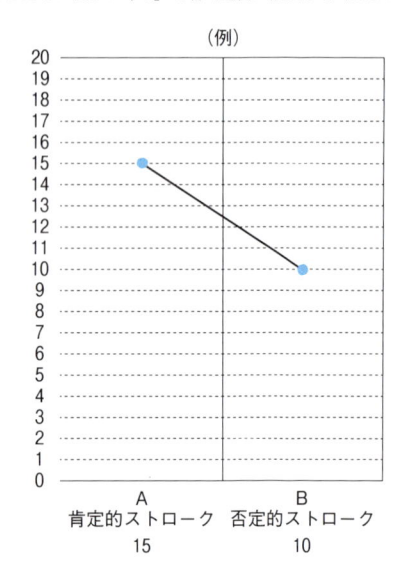

A 肯定的ストローク	B 否定的ストローク

A 肯定的ストローク	B 否定的ストローク
15	10

※AがBよりも点数が上回っていますか？

図表4　ストローク

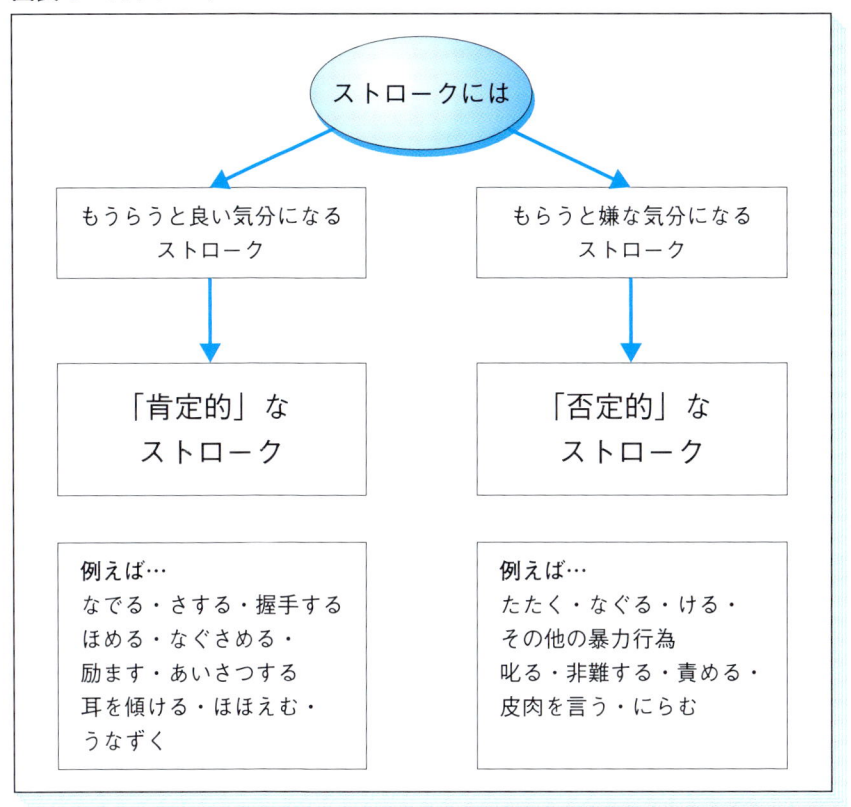

```
              ストロークには
           ↙            ↘
   もうらうと良い気分になる    もらうと嫌な気分になる
       ストローク              ストローク
           ↓                    ↓
     「肯定的」な            「否定的」な
      ストローク              ストローク

   例えば…                例えば…
   なでる・さする・握手する    たたく・なぐる・ける・
   ほめる・なぐさめる・      その他の暴力行為
   励ます・あいさつする      叱る・非難する・責める・
   耳を傾ける・ほほえむ・     皮肉を言う・にらむ
   うなずく
```

ローク」が「否定的ストローク」を上回ることである。

【肯定的ストローク：良い点を見つける】

　私たちは相手のできていない点を無意識に指摘しがちである。失敗やできていない点に目が向いてしまう。できていない点を指摘することも大切だが、できている点を見つけ、それを伝えることの方がもっと大切である。私たちが取り組むのは少しでも良い点を見つけて伝えることだ。

　こう言うと「うちのスタッフにはいいところが見つからない」という人もいるだろう。それは相手（スタッフ）が悪いのではなく、見つけようとして

いないあなたが悪いのだ。どんな人でも必ず良い点はある。特に新人スタッフに対しては良い点を繰り返し伝えよう。

　ただでさえ不安な新人に、できていない点を繰り返し伝えるのは、暗に「早くうちのお店をやめてくれ」と言っているようなものだ。ぜひ繰り返し良い点を伝えよう。

【否定的ストローク：叱り方の注意点】

　店長としてスタッフを叱る、注意するといった否定的ストロークことも必要である。そのときには具体的な行動を指摘する。つまり、「遅刻したので注意している」「ルールを守らないので叱っている」というように、「○○だから」（○○には具体的な間違った行動が入る）というように伝えることが大切である。また、良い点を伝えた後に、指摘するという順番で伝えると相手はより受け入れやすくなる。

【より良い関係をつくるために】

　人が周りから認められたときに周りと深い関係を築こうと考える。あなた自身も自分が行ったことに対して「がんばったね」「よくやっているね」「いいね」などと言われた時にどう感じるだろうか。「よし次も頑張るぞ！」となるだけでなく、言ってくれた人に良い印象を持つだろう。

　ところが、頑張った時に「ここがダメだね」「またできていない」「なんでいつもダメなの？」と言われたらどうだろうか。中には「そこまで言われたならば見返してやる！」と発奮する人もいるだろうが、大抵は「じゃあ、もういいや」となるだろう。肯定的ストロークをたくさん与えることである。

　また、「肯定的ストローク」の中で一番効果があるのは相手の話を真剣に聴くことである。人間関係を築き強くするには「聴く」ことが大切である。聴いている姿勢を見せるだけで相手は自分を受け入れている（認めている）と感じる。

　良い人間関係を築くポイントの第1は「相手の良い点を認める」こと、そ

して第2は「話を聴く」ことである。

【ディスカウント】

　店長がまずすることは周りに対して「肯定的なストローク」を積極的に出すことである。結果として人間関係は良くなっていくだろう。
　もう1つ人間関係を良くするために注意する点、それが「ディスカウント」である。ディスカウントとは本来自分が持っている力を「ディスカウント：値引」してしまうことである。図表5をチェックしてみよう。

【言葉に表れるディスカウント】

　あなたは「できない、ムリだ、難しい」という言葉を繰り返し使っていないだろうか。これらの言葉を使えば使うほどあなたと周りの人間関係を悪くする。これらの言葉を使っているようであれば、あなたは自分自身を「ディスカウント：値引」している。本来考えて行動する力を持っていながら、「できない」ということにより考えることや行動することを放棄している。つまり、自分自身の力を本来持っている力よりも値引きしてしまっているのだ。

図表5　ディスカウントチェック：当てはまるものに○をつけてみましょう

1	物事を頼まれるとつい「できません」と言ってしまう	
2	何か言われると「でも」「だけど」「しかし」が口癖だ	
3	上司からの指示に対して「ムリ」だと感じ黙ってしまうことがある	
4	頼まれた仕事には期限をつけない	
5	「とりあえずやってはみますが…」とぼかす発言が多い	
6	「やってみるつもりです」「考えてみます」が多い	
7	自分の能力には限界があると感じている	
8	言い訳が多い	
9	愚痴が多い	
10	「忙しいから…」「人が足りないから…」が口癖だ	

※○が1つでもあるならば自分自身を「ディスカウント」しています。
　ディスカウントは人間関係に大きく影響します。

この言葉を繰り返し使うと、新たなことにチャレンジしようとすることを妨げ、人間関係も悪くする。常に「ムリ」「難しい」「できない」と言っている店長についていこうという人はいない。

【ディスカウントをなくす】

ディスカウントをなくすのは簡単である。「ムリ」「難しい」「できない」という言葉を一切使わないことである。言い換えるならば、常にできる方法を考えて行動することである。このことを意識するだけで周りとの関係は変わってくる。

周りが何を言っても「できない」と言って行動しない店長と、何を言っても「じゃあこうしよう」と言って行動する人と、どちらが人間関係を良くするのかを考えて欲しい。「できない」というのを口癖にしている人に話しかける人はいない。

もう１つ言葉で注意して欲しいのは、「〜しようと思います」「〜つもりです」という言い方をなくすことである。「来週の月曜日までにやってみようと思います」「来週の月曜日までにするつもりです」というのは「ディスカウント」している言葉である。ディスカウントしない人は「来週までにします」と言い切っている。

人間関係を良くするポイントの第３は「ディスカウント」する言葉を使わないことである。

《まとめ》

「どうも人間関係がうまくいかない」「ギクシャクしている」「なんで言ったとおりに周りはやってくれないのだろう」「なんで人の話を聞いてくれないのだろう」……など、人と人との関係がうまくいかないとき、多くの場合は、人間関係を良くするルールと違った行動をしている。特に自分自身がルールを守らず相手のせいにしていることが多い。

最初に取り組むことは自分自身を変えることである。つまり、人間関係が

うまくいくルールに従うことだ。

　①良い点を見つけ伝える、②話を聞く（時間をつくる）、③「できない」「〜するつもりです」という言葉を使わない、の３つから取り組んでいこう。

　あなたの行動が変われば周りも変わる。あなたが変わらなければ周りはいつまでも変わらない。人間関係を良くも悪くもしているのはあなた自身なのだ。

《ポイント》

1　ルールを知る

　　人間関係を良くするにはルールがある。このルールを知ることが大切。ルールが守れているか守れていないかが人間関係に大きく影響する。

2　気付く

　　自分自身がルールを守れているかどうか気付くこと。他人ができているかどうかよりも、まずは自分ができているかどうかだ。

3　行動する

　　ルールを知り、自分ができているかどうかを確認したなら、あとは行動するのみだ。行動することによって結果が出る。うまくいく人とうまくいかない人との差は、やるかやらないかである。

Ⅰ　お客様・スタッフとの良い人間関係の作り方

2　短い時間でお客様・スタッフと信頼関係を築く5つの技術
「短時間で人と良い関係を築く方法」

《基本的な考え方》

　人との触れ合いは最初の瞬間が大切である。この一瞬でいかに信頼関係を築けるかが鍵になる。信頼関係を築ければお客様はお店にリピートしてくれる。そうすれば売上もアップするようになる。

　お店でお客様・スタッフと話をすることはあたりまえのことである。ただ、話をするだけでなく、あなたが信頼関係を築くことが大切なのだ。プライベートの人間関係であればじっくりと時間をかけて信頼関係をつくることができる。残念ながらひとりのお客様・スタッフにじっくり時間をかけるということは難しい。図表6のチェックシートをつけてみよう。もし該当する箇所があれば変えていくことができる。

　では短時間で信頼関係を築くにはどうすれば良いのかを考えてみよう。

図表6　チェックシート：当てはまるものに○をつけてみましょう

1	人と話をしていると会話がフイに途切れることがある	
2	人をイライラさせてしまうことがある	
3	人との会話がはずまないことが多い	
4	ついつい自分の意見を言いたくなってしまうことがある	
5	自分では正しいと思ったことが相手に伝わらないと感じることがある	
6	話をしていると相手の表情が険しくなることがある	
7	相手が話しの途中で話題を変えてくることが多い	
8	会話をしても結果（商品の購入モチベーション）につながらないことが多い	

※これらのことで思い当たることがあればお客様との間で信頼関係を築けていないことが考えられます。
　お客様と短時間で信頼関係を築く技術を一緒にみていきましょう。

《具体的な進め方》
【短時間で信頼を得るために】

　短時間で相手の信頼を得るためには何をすればよいのか。声を掛ける、相手の望んでいることを聞き出す、耳を傾ける……いろいろと思い浮かぶ。

　短時間で信頼関係を築くには何をすればよいのかを一言で言えば、「相手に合わせる」ことである。この相手に合わせる技術を身につければ短時間で信頼関係を築ける。

　では、なぜ「相手に合わせる」ことで信頼関係を築けるのか。

　私たちは知らず知らずの内に自分と違うものや違うことに恐怖心を抱く。極端な話、街中で大きな声で話している人や動きが怪しい人の近くには近寄らない。それは危ないな、怖いなと思う前にちょっとこの人は自分と違うなと感じている。

　反対にこの人は自分に似ているなとか考えが近いなと思うと親しみを感じる。初めて会った人と自己紹介をした時を思い出して欲しい。出身地が一緒だったらどうだろう。出身の学校が一緒、趣味が一緒、興味があることが一緒だったらと思い出してみよう。

　一緒のものがあると初対面であっても最初からいろいろ話がはずんだのではないだろうか。自分と一緒のものがあると、自分とこの人は近いな、似ているなと感じる。すると「安心感・親近感・信頼感」を得ることができ信頼関係を築きやすくなる。

　仕事では、お客様とこの信頼関係が築けたかどうかがすぐにわかる。お客様から積極的に話し始める、お客様の表情が笑顔になる、商品が売れる、再度お店に足を運んでくれるなど、必ずお客様の態度・行動が私たちの望んでいる方へと変わる。この私たちに望んでいる方向に変わった時、本当の意味で信頼関係が築けたといえる。

　では短時間で信頼関係を築く技術をみていこう。

Ⅰ　お客様・スタッフとの良い人間関係の作り方

【短時間で信頼関係を築く技術１：鏡の技術】

　小さな子供があなたに話しかけてきた。あなたはどういった行動をとるだろうか。おそらく子供の視点に合わせるために中腰になったり、かがんだりするだろう。この子供の視点に合わせる行動が無意識に信頼関係を築くために行っていることなのだ。

　これと同様に、相手のとった行動を鏡のように真似ると、相手は自分に似ているなと感じるようになる。例えば、相手が腕を組んだらこちらも組む、相手が口に手を当てたら当てるなど鏡のように真似る。ただし、偉そうな態度や嫌な態度は真似てはいけない。貧乏ゆすりなどのちょっとした嫌な態度は一切真似ない。

　相手の行動を真似るのは少し難しいときには、話すスピードを真似ることから取り組んでみよう。早口の相手には同じように早く話す。ゆっくり話す人にはゆっくり話すというように。相手のペースであなたが話をしてくれると相手は近いと感じるようになる。

　次に表情を鏡のように合わせる。相手が笑顔の時には笑顔で受ける。悲しい顔の時には悲しい顔になる。これだけで親近感を感じさせることができる。

【短時間で信頼関係を築く技術２：オウム返しの技術】

　オウム返しも信頼関係を築くのに有用である。お客様やスタッフから「今日は暑いですね」と声を掛けられたら「暑いですね」と返したり、「今日でこのお店に来るの二度目なんですよ」と言われたら「二度目なんですね」と返したりすることがあるだろう。これがオウム返しである。**相手が言ったことをそのまま返すということだ。**

　相手の言ったことを繰り返すことで自然と相手は自分と同じなんだという気持ちになる。あまり意識すると会話そのものがおかしくなるので楽な気持ちで望もう。

　この時の注意点は、相手の否定的な発言や感情には反応しないことであ

る。お客様から「あそこのお店はひどいわね」とかスタッフから「あの○○さんは態度良くないよ」といったことに、「本当にひどいですよ」とか「本当に態度良くないよね」と反応すれば、あなたも一緒に悪口を言っていることになる。すると受けた人は他の場所で「店長も私と同じ気持ちみたい」と言ってしまう。これではそのお客様とは信頼関係を築けたとしても他の人との信頼関係が築けなくなる。

【短時間で信頼関係を築く技術３：受け入れる技術】

　自分と相手との意見が違う時、どうしても自分の意見を伝えたい気持ちになることはないだろうか。誰もが自分の意見が正しいと思っているからこそ伝えたい気持ちにかられる。

　最初に大切なのはまず受け入れることである。あなたと相手は違う。10人いれば10人とも考えや意見は違う。そこで相手が言ったことがたとえあなたの意見と違っていても、「こちらが良いと感じているのですね」「こういうふうに思っているのですね」「そうお考えなのですね」と受け入れることだ。「〜とお考えなのですね」「〜と思っているのですね」と受け入れると次に会話が進んでいく。

　あなたが違った意見を伝える時には「〜と思っているのですね、私はこちらが良いと思いますよ」と受け入れてから自分の意見を伝えるようにしよう。その時に「でも」「だけど」といった言葉を使わないことがポイントになる。「でも」「だけど」を聞いただけでお客様は「この人は私の意見に反対だな」ということを感じさせて身構えてしまう。そこで壁を作ってしまうのだ。

【短時間で信頼関係を築く技術４：前向きな言葉に置き換える技術】

　どうしてもスタッフが後ろ向きな否定的な言葉を言ってくる時がある。その時には前向きな言葉に置き換えよう。

　「私は暗い感じなので……」→「そうではなく落ち着いているよ」

とか、

「私はいいかげんなので……」→「そうではなくおおらかなのですよ」
と言葉を入れ替えることだ。相手の言った後ろ向きな発言を前向きな表現に言い換えれば相手も前向きになる。前向き、肯定的になれば相手もこちらを受け入れやすくなる。

この技術を持つと、周りのスタッフで否定的な発言を繰り返す人に対しても肯定的な発言・前向きな発言をうながすことができる。

【短時間で信頼関係を築く技術５：自分を前向きにする技術】

短時間で信頼関係を築く技術をいくつか見てきた。ただし、これらの技術を活用したとしても自分自身が前向きでなければ効果を十分に発揮しない。話をするあなた自身が前向きでなければお客様は信頼してくれない。

「できません」「ムリです」「むずかしい」という言葉を口癖にしていないだろうか。この言葉をあなたがお客様の前だけでなく、仕事場で上司やスタッフに対して使っているならば注意が必要である。これらの言葉を使えば使うほどあなた自身が後ろ向きになるからだ。

お客様の前で例え使っていなかったとしても、お客様にはあなたの心が自然と伝わってしまう。知らず知らずのうちに相手を否定してしまう発言や行動をとることにもなりかねない。短時間で信頼関係を築く大前提はあなた自身が前向きであることだ。

《まとめ》

人（お客様・スタッフ）と短時間で信頼関係を築くのは難しいことではない。「相手に合わせる」ただこれだけだ。ところが、私たちは知らず知らずのうちに相手に合わせずに否定していることがある。相手にこの人はちょっと違うなという印象を抱かせてしまうと、そこで信頼関係は築けなくなってしまう。１つずつ実践していこう（図表７）。

最終的には全てができるようになればお客様相手だけでなくスタッフに対

して、プライベートでも短時間で信頼関係を築けるプロになることができる。

図表7　短時間で信頼関係を築くフローとチェックリスト

レベル1：自分を前向きにする技術

信頼関係を築く第一歩はあなた自身の気持ちが前向きになりましょう。	チェック
1　「できない」を言わず、できる方法を考え発言する。	
2　「無理です」を言わず、できる方法を考え発言する。	
3　自分が行うことは言い切る。「〜します」「〜やります」と言う。	

レベル2：鏡の技術

お客様・スタッフの行動に合わせていきましょう。	チェック
1　相手の言葉の速さに自分の速さを合わせる。	
2　相手の表情に自分の表情を合わせる。	
3　相手の仕草に自分の仕草を合わせる。（ただし、偉そうな態度や嫌な態度は合わせない）	

レベル3：オウム返しの技術

お客様・スタッフの言葉に合わせていきましょう。	チェック
1　相手の言ったことのキーワードを返せる。	
2　相手の否定的な発言は反応しない。	
3　相手の言ったことを要約して返せる。	

レベル4：受け入れる技術

お客様・スタッフを受け入れていきましょう。	チェック
1　お客様の発言に「でも」「だけど」で対応しない。	
2　「〜と感じているのですね」「〜とお考えなのですね」と受け入れることができる。	
3　受け入れた後に自分の意見を伝えることができる。	

レベル5：前向きな言葉に置き換える技術

相手の否定的な発言や後ろ向きな発言を変えていきましょう。	チェック
1　お客様の否定的な発言を前向きに言い換えることができる。	
2　スタッフの否定的な発言を前向きに言い換えることができる。	
3　相手の良い点を見つけることができる。	

※レベル1からチェックしてみましょう。できていない所をレベル1から順番に行っていくことです。

Ⅰ　お客様・スタッフとの良い人間関係の作り方

> 《ポイント》
>
> 1　相手に合わせる
>
> 　短い時間で相手と信頼関係を築くのは一言で言えば相手に合わせること。このことを常に念頭に置く。
>
> 2　信頼を築く技術を知り行動する
>
> 　相手に合わせると口でいうのは簡単だが、具体的にはどうするかが大切。知識を得たとしても行動しなければ意味がない。最初はぎこちなかったり、うまくいかないこともあるかもしれない。行ったことは継続する。継続する中でいろいろなことが分かってくる。最初はやってみる。そして自分の形にしていくことだ。
>
> 3　あなた自身が前向きになる
>
> 　どんなに素晴らしい技術でも使う人の気持ちが前向きでなければ効果を発揮しない。あなたが自身が前向きな行動や言葉を発すること。これが大前提だ。

3 「うまくいく会話」と「うまくいかない会話」
「会話のルール」を知る

《基本的な考え方》

　人との会話はなかなか難しい。ちょっとしたことで相手をいらいらさせたり、ちょっとしたことで相手が喜んだりという経験はないだろうか。
　では、うまくいっている人とうまくいかない人との差はなんだろう。それは小さなこと。うまくいくルールに従っているかどうかである。

【はじめに】

　人がいれば会話がうまれる。仕事をしていれば他のスタッフやお客様との間で話す機会ができる。プライベートでも会話は必要である。ところが周りを見渡せば、うまくいっている人もいればうまくいかない人もいる。この違いはどこにあるのだろうか。それは持って生まれたものではない。うまくいっている人にはうまくいくルールに従っているが、うまくいかない人はうまくいかないルールに従っているのだ。
　うまくいくルールは決してむずかしくはない。誰にでもできる簡単なことである。うまくいく会話のルールを学び、実際にやってみることだ。そして、続けていくことだ。
　話を進めていく前に図表8のチェックシートをつけてみよう。あなたは無意識のうちにうまくいかない会話をしているかもしれない。

図表8　チェックシート：当てはまるものに○をつけてみましょう

1	忙しい時に声を掛けられるとついつい聞き流してしまう	
2	今は声をかけないで欲しいなと思うことがある	
3	他の人と話しながら頭の中で違うことを考えていることがある	
4	お客様が来られてもうっかりあいさつをしないことがある	
5	すぐに返さなければならないメールや電話をそのままにしてしまうことがある	
6	相手が違う意見を言うと「でも」とつい自分の意見を言いたくなる	
7	相手が提案してきたときに「そうはいっても…」と心の中で思うことがある	
8	相手に提案するつもりが意見の押し付けになっていることがある	
9	最後に一言付け加えたい気持ちにかられる	
10	ほめた後についできていないところを指摘してしまう	

※思い当たるところに○をつけてみましょう。
　1つでもあれば会話がうまくいっていないことも考えられます。

【うまくいかない会話のルール】

1　無視（図表9①）

　誰もが「無視」はいけないとわかっている。ところが気づかないうちに無視をしていることがある。この無視は相手そのものを認めていないことになり関係を悪くする。まずは無視をやめよう。

　「スタッフに対して」
　　◇あいさつをされているのに気づかない。
　　◇何か聞きたいなという顔をしているのに気づかないフリをする。
　　◇あたまに来て無視をする。
　「お客様に対して」
　　◇お客様がこられたのに気づかずにあいさつをしなかった。
　　◇お客様がちらちら見ているのに気づかないフリをする。
　　◇話しかけたそうな素振りをしているのに、仕事に追われて見えないフリをする。

　今すぐにやらなきゃいけない、仕事を忙しいからといってしないなどというように、自分の都合を考えてしまうと起こる。また、メールがきているの

に返さない、携帯に着信があるのに出ない、といったことも無視につながる。自分ではそんなつもりがなくても相手からすると精神的なダメージは大きい。精神的なダメージが大きければお店やあなたの印象は悪くなり、会話どころの話ではなくなる。

「うまくいく会話のルール」

まずは無視をやめよう。会話がうまくいかない以前の問題である。相手が何かアプローチをしてきたなら必ず反応することだ。仕事では特にあなたの気持ちがどうのではなく相手に必ず反応することである。頭のなかでは無視はいけないとわかっていても、案外仕事などで忙しくなると無意識のうちにしていることがある。

2　否定（図表9②）

相手が言ってきたことを否定すると会話が中断してしまう。自分では否定していないつもりでも、ついつい否定しがちなことも。もう一度チェックしてみよう。

「スタッフに対して」

◇「新しいことをしましょうよ」「でも、それはむずかしいよね」
◇「こうしたらいいんじゃない」「だけど、それはムリだよね」
◇「こっちの方がいいと思うよ」「だって、そうはいっても……」

でも、だけど、だって……などの言葉を使っていると感じたら注意が必要。いきなり相手を否定していると受け止められる。

「お客様に対して」

◇「これ以外のお勧めはありますか？」「でもそれがいいと思いますよ」
◇「やっぱりこちらのと交換してもらえないかな」「そういわれても、それはムズカシイですね」
◇お客様と話をしながら、頭の中ではまったく違うことを考えている。

お客様との会話はどんなことでも、まず受け止めることである。「でも」「ちょっと」「だけど」「そういわれても」といったことを話してしまうと、

その後の話が良い内容であっても相手は聞く耳をもたなくなってしまう。自分が否定されたと思えばそこで会話が止まる。いくら言葉でのやりとりをしていても気持ちが入らない。

また、この否定はプライベートで身近な人との間でも起こる。「ここで食事しようよ」「でもそこはこの前も行ったよ」とか「このお店なんか感じがいいね」「でも私はそうは思わない」など最初から否定してしまうこともある。

日常否定することになると人間は癖になる。身近な人でもこの否定は積み重なっていく。1回は相手が受け入れてくれたとしても重なることで相手が爆発してしまうので要注意。

「うまくいく会話のルール」──────

相手を受け止めること。あなたはあなた、相手は相手である。意見が合う時もあれば時には意見がまったく違う時もある。ついつい自分の意見をストレートに伝えたいと思っても、「でも」「だけど」「そうはいっても」という否定ではなく、「そう思っているのですね」「そう感じているのですね」「そう考えているのですね」と一言クッションを置くことだ。

3　一言多い（図表9③）

せっかく相手の良い点を伝えているのに、最後の一言で台無しになることがある。自分では相手を想っての言葉と考えていても相手がそう感じなければ意味がない。

「スタッフに対して」
◇「本当によくやってくれていて助かっているよ。あとはその気持ちの浮き沈みがね」
◇「笑顔が良いよね、お客様との会話もとれているし。あとはそれを私たちに対してもしてくれればね」
◇「がんばっているよね、仕事も一生懸命だもんね。ちょっとずれているけど」

3 「うまくいく会話」と「うまくいかない会話」

図表9　うまくいかない会話のチェック

もしかしたら知らず知らずにうまくいかない会話をしているかもしれません。
チェックしてみましょう。

①無視

1	ついつい事務仕事に熱中してしまい周りが見えないことがある。	
2	機嫌が悪い時にスタッフに対して話しかけないでオーラがでていることがある。	
3	仕事で意見がぶつかった時についついひきづってしまい、相手と話をしないことがある。	
4	答えにくい質問をお客様にされた時に黙ってしまう。	
5	お客様が話しかけたそうな素振りをしていたが「他のスタッフがいるから」と気づかないふりをしてしまう。	
6	新人スタッフには自分からあいさつしないことがある。	
7	スタッフがあいさつをしてきたのに目をみてあいさつしていない。	
8	上司から依頼されたことを「時間がないから」「忙しいから」と放置したことがある。	
9	メールの返信は用件がない限りめったにしない。または大分時間がたってから返信する。	
10	常連のお客様に手紙（サンキューレター、ダイレクトメール）を書くのが面倒くさい。	

※ちょっとしたことでも「無視」につながっていることがあります。自分ではそう思わなくても相手は「無視された」と感じてしまうので注意が必要です。

②否定

1	「でも…」が口癖である。	
2	相手が言っていることが正しいことであっても「そうは言っても…」と心の中で思うことがある。	
3	ついつい自分の意見を言いたい衝動に駆られる。	
4	「無理だ！」「できない」と心の中で思うことが多い。	
5	相手の話を途中でさえぎってしまうことがある。	
6	話をしていると相手から話を中断されることがある。	
7	「もし、こうだったら…」「仮にこうだったら…」と様々な状況を伝えて相手を困らせることがある。	
8	「そうですね。ですけど…」「そう思いますよね。ですが…」と肯定したあとに否定してしまうことがある。	
9	気づくとできない言い訳「忙しいから」「人が足りないから」「時間がないから」等を考えている。	
10	「難しいかもしれませんよ」「失敗するかも知れませんよ」とできないかもしれないことをほのめかすことがある。	

※否定はついついしがちです。自分の考えが正しいと思えば思うほど否定しがちです。残念ながら一人ひとり考え（意見）は違うのです。相手を受け入れられるかがポイントになります。

③一言多い

1	相手の良い点よりも欠点に目が行きやすい。	
2	「もっとこうすれば…」「こうしたほうがいいのに…」と感じることが多い。	
3	周りからよく「一言多いよね」と言われる。	
4	相手をほめたあとに、つい一言よけいなことを言ってしまう。	
5	会話をしている最後の最後でお客様が嫌やな顔になっている時がある。	
6	商品の提案のつもりが押し付けになっていると感じることがある。	
7	自分が思ったことを伝えないと気になってしまう。	
8	相手のできていない点を指摘することは大切だからつい言ってしまう。	
9	機嫌が悪い時にいやみを言ってしまうことがある。	
10	お客様には常におすすめしたい衝動にかられる。	

※よけいな一言で損をしてしまうことがあります。それまでせっかくの良い雰囲気で会話ができているのに最後で失敗してしまう。これではそれまでの努力が水の泡です。付け加えたい一言は少し押さえてみましょう。あなたが提案と思っても相手が押し付けに感じたら意味がないのです。

思い当たるものは意識して変えていきましょう。一つひとつの積み重ねが良い会話（良い人間関係）を作るのです。

ほめるときはほめること。最後に一言付け加えてしまうと、相手は結局嫌な気持ちになってしまう。

「お客様に対して」

◇「これお勧めですよね」「そうなんですよ、人気があるのですよ。私はそうは思わないのですが」

◇「これとこれだとどちらが良いですかね」「こちらが良いですよ。ただちょっと高いですけどね」

◇「いつも来ていただいてありがとうございます。他の方も連れてきてもらえると助かるのですけど」

お客様に対しての最後一言は注意が必要。その前にどんなに相手を受け入れた会話をしたとしても、その一言で全てが帳消しになってしまう。最後まで気を抜かないこと。ちょっとした一言で全てがうまくいかなくなってしまう。

自分では提案している、素直な意見を言っているつもりが相手には伝わらないこともある。あなたがどう思っているかではなく、相手がどう感じているかがポイントである。

次のような一言も身近な人と起こりやすい。「そのスーツ似合っているね。だけどネクタイは変えたら。趣味が悪いよ」「このお店いいよね。でも、接客がよくないよね」といったちょっとした一言がその場の雰囲気を悪くする。ついつい一言を加えたくなってしまう。せっかく良い点を伝えているのに最後の最後で否定や反対の意見を言ってしまうのでは意味がない。

「うまくいく会話のルール」

ほめるときには大いにほめる、認めるときには認めること。そのあとに余計な一言を加えない。私たちはどちらかというと良い点よりもできていない点に目がいきがちになる。できていない点を言いたくなるが、言いたくなっても口にしないこと。

> **うまくいかない会話キーワード**
>
> 　次の言葉はうまくいかない会話の代表的なものなので、これらが口癖にならないように注意しよう。
> 　◇「でも」：何か言われたときに「でも」と言っていないだろうか。うまくいかない会話に使われる代表例である。「でも、でも」と言っているのでは注意。
> 　◇「だけど」：これも同じく意見を言う時にでてくる。「だけど」と言った瞬間相手は「私は否定される」と感じさせてしまう。
> 　◇「そうは言うけど（そうはいっても）」：これは言葉にすることも、心の中で出てくることもある。「言っていることはわかるんだけど無理なんだよね」とか「そうはいってもできないよ」と必ず文章が否定になる。
> 　この３つの言葉は案外多く使われる。もう一度確認してみよう。

《まとめ》

　うまくいく会話にはうまくいくルールが、うまくいかない会話にはうまくいかないルールがある。案外、私たちは無意識のうちにうまくいくルールが守れていないことがある。このルールを守れていないことがさまざまな部分で影響する。

　見てきた内容は決して難しいことではない。大切なのは常に意識してできるかどうかだ。人間だから失敗することもある。ただ、その失敗を繰り返さないことだ。繰り返さないことでうまくいくようになる。ルールは簡単だ。それを継続して守れるかがポイントになる。

《ポイント》

1　会話のルールを知る

　うまくいく会話にはうまくいくルールがある。うまくいくルールを知ること。会話の続く人はこのルールを無意識のうちに身につけている。

2　実行する

　ルールを知ったならば実行すること。知っていても行わなければ意味がない。ルールそのものは簡単なのですぐに行う。実行するときには仕事とプライベートは別ではなく、どの場面でもうまくいく会話のルールに従うこと。

3　あきらめない

　うまくいかないルールについつい従ってしまうこともある。人間は完璧ではない。意識していても、ついうまくいかない会話をしてしまうことがある。うまくいかない会話をした時には、それであきらめるのではなく、その後も意識していく。意識しつづけることでうまくいかない会話の回数が減ってくる。

4　相性チェックでスタッフ、お客様との接し方を知る
「スタッフ、お客様との良い関係をつくるために」

《基本的な考え方》

　なぜかこの人とはうまくいく、この人とはうまくいかないということはないだろうか。自分自身は何も変わらないのに、なぜか人によって話しやすい人と話しにくい人がいる。お客様とも会話の続く人と最初から会話にならない人もいる。これでは仕事もプライベートも難しい。

【はじめに】

　仕事をしていてもプライベートでも必ず人間関係やコミュニケーションは生まれる。そして、この人間関係やコミュニケーションを良くするのはなかなか難しいことである。
　誰もが皆と良い関係を作りたいと思っている。ところが仕事・プライベートを問わずこの人とはうまくいく、この人とはちょっとということが起こってくる。なぜこのようなことが起こるのだろうか。その1つは私たち一人ひとりが持っている「心の顔」が影響している。「心の顔」について一緒に見ていこう。

《具体的な進め方》
【心の顔】

　私たちの心の中には5つの顔がある。それは、「父親の顔」「母親の顔」「大人の顔」「自由な子供の顔」と「素直な子供の顔」である。誰もがこの5つを持っている。そして人によってそれぞれの顔の出やすさ、出にくさがある。

図表10　私たちの心の顔

「父親の顔」　　　　　　　「母親の顔」

「大人の顔」

「自由な子供」　　　　　　「従順な子供」

　この出やすさ、出にくさが人間関係やコミュニケーションに大きく影響する（図表10）。

【心の顔の出かたをチェックする】

　あなたの心の顔は何が出やすくて何が出にくいのだろうか。最初にチェックしてみよう（図表11）。左の項目に対してあなたがあてはまると感じるならば「2」を、あてはまらないと感じるならば「0」を、どちらともいえないと感じるならば「1」を空白につけていこう。

　できるだけあてはまるかあてはまらないかで見ていくこと。深く考えずに直感でテンポよくチェックして欲しい。チェックし終わったら縦に合計点を記入しよう。

　この顔の出やすさ出にくさは店舗を異動する、周りのスタッフが入れ替わ

4 相性チェックでスタッフ、お客様との接し方を知る

図表11 出やすい顔のチェックリスト

左の質問にあてはまる「2」 あてはまらない「0」 どちらともいえない「1」を空白に記入してください

1	なんでもメリット・デメリットを考えて行動する方である						
2	自分はわがままだと思う方である						
3	話の途中で相手の言葉をさえぎって、自分の考えを言うことが多い方である						
4	思ったことがあっても人には意見することができない方である						
5	他人をほめるよりも指摘することが多い方である						
6	周りの人を助けたいと思うことが強い方である						
7	相手の良い点によく気がつく方である						
8	話をしていると感情的にならない方である						
9	いろいろなことに興味をもつ方である						
10	決められた時間や約束は必ず守る方である						
11	人の顔色が気になることが多い方である						
12	他人から頼まれたら断れない方である						
13	おとなしく、自分から話しかけない方である						
14	規則やルールは何があっても守る方である						
15	行動するときには情報を集めよく考えてから決める方である						
16	先送りすることが多い方である						
17	他人の世話をするのが好きな方である						
18	相手の意見に従うことが多い方である						
19	本や新聞を読むのが好きな方である						
20	目標や夢を持って、その実現に努力する方である						
21	他人の意見は、賛否両論を聞き判断材料にする方である						
22	趣味が多い方である						
23	責任感が強く、人にも責任を要求する方である						
24	他人の短所よりも長所をみつけるのが得意な方である						
25	他人の自分に対しての言動が気になる方である						
26	つらいことがあったり不条理なことがあっても我慢してしまう方である						
27	「…すべき」「…しなければならない」という言い方をよくする方である						
28	言いたいことを後先考えずに遠慮なく言ってしまう方である						
29	小さな不正も絶対にうやむやにしない方である						
30	他人の期待にそうように自分を抑えて過剰な努力をする方である						
31	感情を表に出すことが少ない方である						
32	カラオケや飲み会などではしゃぐことが多い方である						
33	何事も事実と意見を分けて判断する方である						
34	「きれい」「すごい」「へえー」など感嘆詞をよく使う方である						
35	何をするにも自分に自信がない方である						
36	感情より論理的に物事を考える方である						
37	見知らぬ人とも楽しく話すことができる方である						
38	想像することが得意な方である						
39	相手のできていないことを指摘することが多い方である						
40	必ずスケジュールを立て冷静に行動する方である						
41	優先順位を決めテキパキと仕事を片づけていく方である						
42	部下や周りの失敗に寛大な方である						
43	相手の話に耳を傾け相手の気持ちになることができる方である						
44	部下や後輩には厳しく接する方である						
45	調子にのって度をこしてはしゃぐことが多い方である						
46	料理、洗濯、掃除など家事が好きな方である						
47	悲しい映画やドラマを見て泣くことが多い方である						
48	ボランティアに参加することが好きな方である						
49	日記を書いたり手帳を使うことが好きな方である						
50	義理と人情を重視する方である						
		父親	母親	大人	自由	素直
	合計点					

Ⅰ　お客様・スタッフとの良い人間関係の作り方

る、役職が変わることなどによって変化する。できれば自分の環境が変わったつどチェックすることだ。

【心の顔の出やすさ、出にくさ】

　合計点をグラフにしてみよう。左から父親の顔、母親の顔、大人の顔、自由な子供の顔、素直な子供の顔の点数に当てはまるところに点をつけていく（図表12）。そして、点を線で結んで折れ線グラフを作る。これが今現在のあなたの「心の顔」の出やすさ、出にくさである。点数の高いところが出やすい顔、点数の低いところが出にくい顔になる。

　例えば図表13の例では、一番出やすいのは母親の顔になる。そして一番出にくいのが自由な子供の顔というように、人によって出やすさ出にくさがわ

図表12　心の顔の出やすさのグラフ

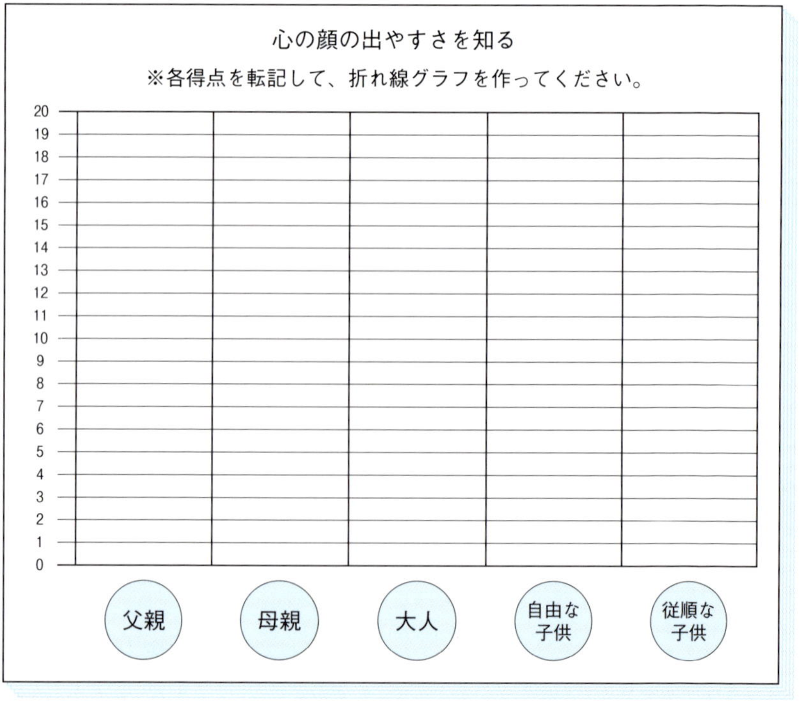

心の顔の出やすさを知る
※各得点を転記して、折れ線グラフを作ってください。

（父親／母親／大人／自由な子供／従順な子供　0〜20点のグラフ）

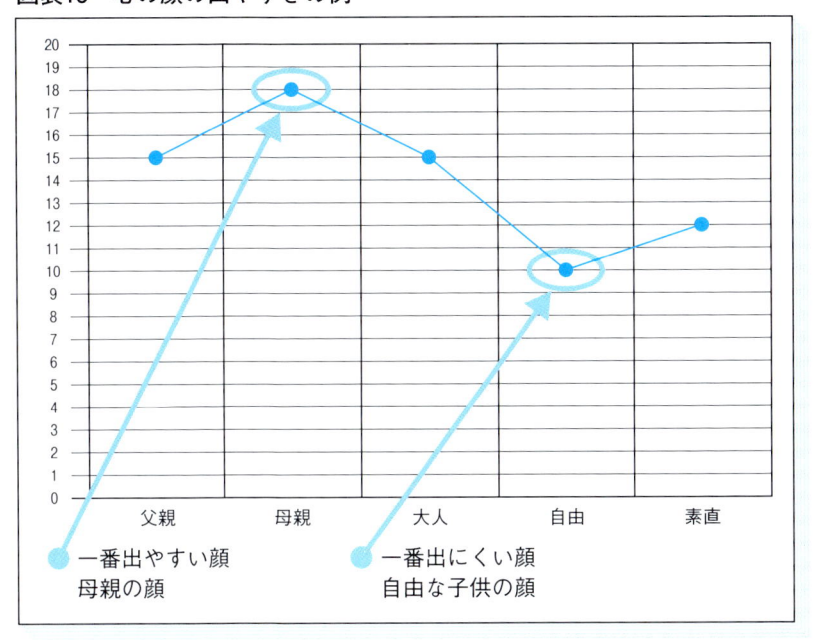

図表13　心の顔の出やすさの例

グラフ：縦軸0〜20、横軸は父親・母親・大人・自由・素直。値は父親15、母親18、大人15、自由10、素直12。
　母親＝一番出やすい顔（母親の顔）
　自由＝一番出にくい顔（自由な子供の顔）

かる。あなたの出やすい顔と出にくい顔を確認してみよう。

【心の顔の特長】

　心の5つの顔はどの顔が良くて、どの顔が良くないということはない。全ての顔が人間関係では必要である。ところが場面場面に応じて出さなければいけない顔がある。どうしても出にくい顔の場合、その場面になっても適切な対応ができなくなってしまう。それが大きく影響することになる。出すぎても課題がでるし、出なさ過ぎても課題がでる。
　では、それぞれ5つの顔の特徴を見ていこう（図表14）。

① 父親の顔
　物事のルールやしきたりにうるさい父親というイメージ。この顔の特長は

図表14　5つの顔の特徴

	顔があまり出ない	ちょうどよい	顔が出すぎる
父親	自分からは責任をとらない 自分では決められない 曖昧な態度をとる 言われたまま鵜呑みにする ルーズでだらしがない	規則やルールを尊守する 伝統や慣習を尊重する 経験を生かして指導する 責任をとる 間違いなく、正しく教える	自分の枠で批判する 独断的に事を進める 決めつけて後に引かない こだわりつづける 自分の意見を押しつける
母親	冷淡な態度をとる 周囲の人に関心を持たない 愛情がもてない 仲間に溶け込めない 相手への配慮がない	養育的である 相手の気持ちを受け入れる 相手の存在を認める 励ましたり、勇気づけたりする 相手を信頼する	世話を焼きすぎる 猫可愛がりをする 相手に過剰に期待する お節介をしすぎる 親切の押し売りをする
大人	情報に疎い 場当たり的な言動 無計画 周囲に無頓着 何も考えないようにしている	計画的に事を進める 事実に基づいて判断する データの意味を読みとる 状況判断力がよい 筋道を立てて考える	打算的になる 味も素っ気もない態度をとる 機械的に判断する 頭でっかちで行動が伴わない 口先ばかりで実がない
自由な子供	思ったように動けない 楽しめない 萎縮してしまう 気力に乏しい 弱気になる	のびのびして明るい 物事に興味・関心を持つ 創造性が豊か やる気と行動力がある 感性豊かで表現力がある	自己中心的である お調子者で羽目を外す 軽率な振る舞いで迷惑をかける わがままな態度をとる 横柄な態度をとる
従順な子供	頑固にしている 意地を押し通す 言い出したら引かない 人の意見は聞かない てこでも動かない	周囲に協調的 周囲に協力的 相手の指示を素直に受け入れる 相手に従順である 波風を立てないようにする	依存心が強すぎる つまらないことに遠慮する すぐ妥協する 指示されたことしかできない 我慢の反動が出る

何点以上が出やすい、何点以下が出にくいとかはありません。
自分が5つの顔の特徴のどこにあてはまるかで判断してください。

約束やルールを守り、上下関係を重んじ、人に対して厳しく指摘したり批判したりする。

　たとえば、店の規則を守らせたり、部下や周りの人を叱ったり注意したりする時にはこの顔がでる。ちょっとしたことでも厳しく言ってしまう。

　父親の顔が出すぎると周りに対して批判的であり、説教や小言が多くなる。これではなかなか周りとはうまくいかない。父親の顔が出にくいと時間にルーズになったり、約束を守らなかったりといった傾向がでる。また、まわりが約束や時間を守らなくても平気になってしまう。

② 母親の顔

子供に対する思いやりや気遣いする母親というイメージ。周りの良い点を見つけることが得意である。思いやりや優しさ、包容力がある一方で、世話を焼きすぎたり甘やかしたり、お節介な一面もある。仕事の仕方を懇切丁寧に教えたり、落ち込んだりした部下をなぐさめる時にはこの顔を出している。

母親の顔が出すぎるとおせっかいになる。そこまでしなくてもいいと言うのにしてしまう。反対に母親の顔が出にくいと冷淡なイメージ。周りに関心がなく、ほめることが苦手である。

③ 大人の顔

冷静沈着なビジネスマンというイメージ。周囲の状況を観察し適切な判断を行う。計画的、合理的、論理的である一方で、冷淡・打算的な一面もある。仕事で何かの判断を行ったり、数字を扱ったりしている時、会議やミーティングの発表の時などはこの顔を出している。

大人の顔が出すぎると理屈っぽくなる。理屈では人は動かない。なかなか付き合いにくくなる。

大人の顔が出にくいと感情で動くようになる。行きあたりばったりや思いつきでの行動が多くなる。

④ 自由な子供の顔

無邪気で自由奔放な子供というイメージ。自由でユニークな発想、すぐに行動する力を持っている。好奇心旺盛で新しいことにチャレンジすることが得意。反面、自分勝手でわがままな一面もある。新たな販売促進の企画を考えたり、息抜きのおしゃべりをしたり、カラオケや食事会ではしゃいでいる時の多くはこの顔を出している

自由な子供の顔が出すぎるとわがままになる。あまりにも自分の気持ちを優先しすぎてしまうので周りがついていけない。

自由な子供の顔が出にくいと暗く見られる。カラオケや飲みにいっても輪にとけこめないこともある。

⑤ 素直な子供の顔
「はい、わかりました」と素直に周りの言うことを聞いている子供というイメージ。素直さや協調性がある。協調的で規則に従う、周りに気を使うなど相手に合わせるのが得意。反面、周りに頼ってしまったり、遠慮がちになったり自分の意見を言えずに妥協する一面もある。上司から指示を受けて「はい」と聞いたり、お客様に気を使ったりしているときにこの顔を出している。
　素直な子供顔が出すぎると自分がなくなってしまう。誰かに決めてもらわないと何もできない傾向がある。素直な子供の顔が出にくいと頑固。人からなにを言われようが自分の気持ちを変えないという傾向がでる。

　図表14にそれぞれの顔の特徴を簡単にまとめてみた。何点以上だと出すぎなのか、何点以下が出にくいのかということはとくにない。自分自身で図表14を参考にして判断して欲しい。あくまで傾向なので必ずしもそうだということではない。

【出にくい顔を出やすくする】
　今まで見てきたように、私たちの心の顔は出やすさ、出にくさがあり、これが人間関係や仕事にも影響する。では、私たちはどうすればよいのだろうか。
　5つの顔は出すぎても出にくくても悪い影響を与える。バランスよく出るようにすることである。もう一度自分の心の顔グラフ（図表13）をみて、出にくい顔をみつけて欲しい。その顔が出やすくすれば良いのだ。
　出やすい顔はあなたが無意識のうちに出しているから、それを出さないようにするのはとても難しい。出ない顔を出やすくしていこう。出にくい顔が出るようになれば、当然出やすい顔が出にくくなる。

出にくい顔を出せるようにするにはどうすればよいのだろうか。それは図表15に書いてあるそれぞれの顔を出やすくするための具体的なことをやってみることである。

　例えば、父親の顔が出にくいならば「父親の顔」を出せるようにするための「10個」ある項目のなかで、これならできそうだと思うことを1つ選び実践していく。それだけで出にくい顔が出やすくなる。

　具体的に実践することは今までやってこなかったことなので、1回やってみてうまくいかなかった（続けられなかった）としてもあきらめないことだ。

　最初は意識するだけでも良い。大切なのは今までやらなかったことに取り組む（チャレンジする）ことである。

　仕事においてはできるだけ「大人の顔」を出るように意識してほしい。仕事では冷静な判断が必要になる。また、「素直な顔」が出にくい場合は「素直な顔」の次に出にくい顔を出しやすくするようにしよう。「素直な顔」を出やすくしてしまうと自分で判断できない、人に頼りすぎることになってしまうので要注意。

【あなたはどんなタイプ】
　あなた自身の顔の出にくさ、出やすさがわかったと思う。では自分はどのようなタイプなのかを見ていこう。折れ線グラフの形（図表16）をみてほしい。図表16を見てあなたがどのタイプに当てはまるのかを見ていこう。

　10のタイプがある。自分に近いタイプをみてみよう。基本的には出にくい顔を出やすくすることが大切である。

【相手との良い関係をつくる】
　関係を良くしていくには自分の出にくい顔を出やすくすることである。言い換えるならばあなた自身を変えることである。あたりまえのことだが、「他人は変えることができない」ので、相手に変化を求めるのではなく、あなたが変化し相手に合わせることが大切なのだ。

Ⅰ　お客様・スタッフとの良い人間関係の作り方

図表15　具体的な取り組み方

自分の該当するところ見てください。具体的な取り組みの中で今はできてないが、これならできそうと思えるものに1つ○をつけてみましょう。そのことを日々意識するだけで変わってきます。

「父親の顔」を出やすくするための具体的な取り組み

1．	規則やルール（特に時間管理や身だしなみ）は自ら必ず守り、他人にも守らせましょう。
2．	間違いや改善すべきことはその場で指摘しましょう。
3．	積極的に自分の考え・意見をはっきりと伝えましょう。
4．	他人の意見にすぐ同調しないで、他の案を考えましょう。
5．	目標を立てて達成しましょう。
6．	何事も5分前に行動をしましょう。
7．	常に整理整頓をしましょう。
8．	毎日、場所を決めて掃除をしましょう。
9．	約束を守りましょう。言い訳はやめましょう。
10．	仕事、プライベートを問わずグループの責任者を引き受けてみましょう。

「母親の顔」を出やすくするための具体的な取り組み

1．	休憩中に相手の趣味や家族構成など個人的関心を示しましょう。
2．	挨拶を交わすとき、笑顔を絶やさないようにしましょう。
3．	初対面の人に意識的に声を掛けましょう。
4．	1日3人以上の人をほめましょう。
5．	「良かったね」「素晴らしいね」など、ねぎらいや励ましの言葉をかけましょう。
6．	人のために時間を使いましょう⇒話を聞くだけの時間を作りましょう。
7．	花を育てましょう。
8．	他人を責めるのをやめましょう。
9．	旅行や出かけたらおみやげを買ってきましょう。
10．	損得を考えずに行動しましょう。

「大人の顔」を出やすくするための具体的な取り組み

1．	いつ、どこで、誰が、何を、どのようにして、何のためにと具体的に考え、質問しましょう。
2．	毎日、翌日のスケジュールプランを立てましょう。
3．	本を読みましょう（マンガはダメ）。
4．	今日1日の計画を前もって作り、必ず実行しましょう。

5．	計画通りに行かずに困っても、どこかに解決するヒントがあると信じ考えましょう。
6．	問題が発生した場合、原因は何か、現在の状況はどうかなど冷静に判断しましょう。
7．	新聞を読み、感想をまとめてみましょう。
8．	ブログを作り毎日更新しましょう。
9．	いろいろな角度から物事を考えましょう。
10．	小学生の算数を解いてみましょう。

「自由な子供の顔」を出やすくするための具体的な取り組み

1．	休憩中、大勢の仲間に加わって冗談や、楽しい話をもちかけましょう。
2．	映画・テレビ・スポーツ・漫画を積極的に見ましょう。
3．	自分が好きでやっているスポーツや趣味の話をみんなに聞かせてみましょう。
4．	苦手なカラオケでも、ひそかに練習してみましょう（新たな趣味を持ちましょう）。
5．	友人と遊ぶ機会をできるだけ多くもちましょう。
6．	冗談やダジャレを言ってみましょう。
7．	とにかく笑ってみましょう。
8．	体を動かしてみましょう。
9．	大声で歌ってみましょう。
10．	好きなものを食べる機会を増やしてみましょう。

「素直な子供の顔」を高めるには

※積極的にこの顔は出やすくしないほうがよいです。他人に依存的になってしまうため、的確な判断や提案ができなくなってしまいます。この顔が一番出にくい人はこの次に低かった顔のところを見てみましょう。

1．	すぐ口出ししないで、相手の話をまず聞くようにしましょう。
2．	自分でやらないで、できるだけ他人の手を借りましょう。
3．	相手の気持ちを優先して、遠慮したり、妥協して相手を立てましょう。
4．	「申し訳ありませんが」を多用して、周囲の反応を和らげましょう。
5．	あいさつは、上司・部下・同僚を問わず、誰にでも、自分から先に声を掛けましょう。
6．	自分の意見を言わないようにしましょう。
7．	相手の意見に従うようにしましょう。
8．	「～でよいでしょうか？」と同意を得るようにしましょう。
9．	「お疲れ様でした」「ありがとうございました」を多く使いましょう。
10．	食事の内容は相手に合わせましょう。

I　お客様・スタッフとの良い人間関係の作り方

図表16　自分のタイプを知る

タイプ		全体的な傾向	仕事	プライベート	方向性（図表15参照）
N型	（山型の図） 良い点	周りの人を認めたり、ほめる、良い点を見つけるのが得意です。反対の人の欠点を探したり批判することは少ないです。また、人との協調性があります。	周りの人をほめたり、ねぎらったりすることができ、気配りもできるので良い関係を築くことができるでしょう。お客様に対して気遣いできる接客ができます。	周りの良い点を見つけることができ、とてもやさしい人と見られます。	父親の顔と自由な子供の顔を出すようにしましょう。 時に厳しく、また自分自身楽しむことも必要です。 お客様にも自分の意見を言えるようにしましょう。
	課題点	ルールや約束にルーズな面もあります。自分がルーズな上に相手がルールや約束を守らなかったとしても許してしまうことがあります。また人に合わせるあまり楽しめないというところもあります。他人の顔色を伺うのです。	周りがルール違反しても「叱れない」「注意できない」傾向があります。リーダーとしては不向きです。お客様に対して自分の意見が言えないこともたびたびです。	相手に意見することや注意することができないので「本当はこうして欲しいのに」とストレスをためてしまうことがあります。	
逆N型	（逆山型の図） 良い点	常に冷静でいることが多いようです、感情に流されずに合理的に物事を見る傾向があります。ルールや規則にうるさい。皆で合ったりする場面では明るい。	ルールに厳しく不正を許さず、冷静な人に見られます。お客様に対して感情に捉われず冷静に物事を伝えることができます。	落ち着いている印象を与えます。礼儀やルールに厳しい人と見られます。	母親の顔を出すようにしましょう。 周りの良い点を見つけることが大切です。 お客様に対して冷静に対応するだけでなく、ほめることや気配りもしていきましょう。
	課題点	少し人に対して批判的になってしまうことがあります。厳しいという評判も立ってしまうかもしれません。また、人を思う気持ちに欠けてしまうこともあり、頑固です。大人の顔が出にくければ冷静さに欠け感情で動く傾向があります。	周りの良い点を伝えるのが苦手です。また、頑固な一面もあります。お客様から冷たい人も見られることもあります。	一緒にいてもどこか否定的であったり批判的とみられてしまうことがあります。	
山型	（山型の図） 良い点	常に冷静に物事を判断します。周りの人を認めたり、ほめる、良い点を見つけるのが得意です。人の欠点を探したり批判することは少ないです。	冷静に物事を判断するので一目置かれるでしょう。そして、周りを認めることもできるのです。お客様に対して常に冷静に物事を伝えることができます。	テキパキと物事を決めていきます。常に冷静な印象を与えるでしょう。	自由な子供の顔と父親の顔を出すようにしましょう。 もっと楽しみましょう。そして、自分にも他人にも厳しい一面を持ちましょう。 お客様にも自分の意見を言えるようにしましょう。
	課題点	人を叱れないことと自分が決めたことを曲げないところがあります。頑固です。	周りを注意できない傾向があります。また、一度決めたことは曲げない傾向があります。お客様に対して自分の意見が言えないことがあります。	冷たい印象を与えてしまいます。何事も論理的に考えるのでつまらない人と思われてしまうかもしれません。	

4 相性チェックでスタッフ、お客様との接し方を知る

タイプ			全体的な傾向	仕事	プライベート	方向性(図表15参照)
ヘ型		良い点	人を認めることができるのと冷静さを持っています。特に思いやりや人を世話するのが得意なタイプです。	周りの良い点を認める伝えるのと協力したり、世話をするのが得意なタイプです。お客様からは冷静だけど気遣ってくれる人と見られるでしょう。	周りに対して思いやりがあり相手のために尽くすタイプです。	大人の顔を出すようにしましょう。冷静に考え行き過ぎることがないようにすることです。お客様に対しては相手の話を聞くことも大切です。
ヘ型		課題点	頑固で人の言うことを聞かないことがあります。また世話をやきすぎる傾向もあります。	世話を焼きすぎてしまう傾向があり、ちょっとしつこいと思われるかもしれません。また、頑固な人とも見られます。お客様からはお勧めがうるさいと感じられてしまうこともあります。	尽くし過ぎて周りが疲れてしまうかもしれません。また、一回いったことは変えない頑固な人とも思われることがあります。	
M型		良い点	優しく思いやりがあり人を世話することが得意です。また、明るくいろいろな箇所でもてます。人の欠点を探したり、批判することは少ない。	自分に自信があり、そして周りも尊重するので信頼がある上司になりやすいです。お客様に対しての気遣いができやさしい人という印象を与えるでしょう。	一緒にいて気遣ってくれてやさしい印象をもたれます。誰からも好かれるタイプです。	大人の顔を出すようにしましょう。感覚や感情ではなく冷静に判断することが大切です。お客様に対しても自分の意見を言えるようにしましょう。
M型		課題点	人を叱れない部分や考えずに行動してしまうことがあります。また、人によっては優しいけれど頑固と見られることもあります。大人の顔が出にくいと感覚だけで行動してしまいます。	大人の顔が出にくいと感情だけで動く人と見られることもあります。また、人に厳しくできない部分もあります。お客様に対して自分の意見を言えないことがあります。	大人の顔が出にくいと衝動的、わがままと思われることもあります。	
W型		良い点	冷静に物事を考えます。そしてルールや規則に厳しく人を叱ることも苦になりません。また周りとの協調性もあります。	自分に厳しく、周りにも厳しいです。そして常に冷静に物事を判断します。お客様からは冷静な人と見られます。また、気遣いが上手な人とも見られます。	何事にも固く進める印象を与えます。また、常に落ち着いていて冷静な人とも見られるでしょう。	母親の顔と自由な子供の顔を出すようにしましょう。周りの良い点を見つけ、もっと自分自身楽しむようにしましょう。お客様に対して明るい話題を出すようにしましょう。
W型		課題点	思いやりに欠け、人としゃべることが苦手です。他人を否定や批判するのですがその反面人の顔色を伺うところがあります。その矛盾を消化することができずに悩んでしまうことがあります。	批判的な人と見られてしまうこともあります。また、雑談ではあまり面白くない人と見られるかもしれません。お客様からは固い人、少し否定的な人とも見られてしまいます。	一緒にいてあまり面白くありません。会話が否定的な内容が多く、自分に自信がない人と見られてしまうこともあります。	
V型		良い点	協調があるのとルールや約束を守ります。こうあるべきだというところもあります。	ルールや約束に厳しいです。また、周りとの協調性や気遣いができます。お客様に合わせた接客ができます。	決めたことは守ります。また、周りにあわせる力をもっています。	大人の顔を出すようにしましょう。思い込みではなく事実から冷静に判断できるようにしましょう。お客様に対しては自分の意見を言えるようにしましょう。
V型		課題点	人に対して批判的であり、また人の顔色を伺うところもあります。この矛盾したことが自分の心を大きく悩ませるでしょう。冷静さに欠けているので一人で悩んでしまうでしょう。自己否定(自分で自分を責める)が強いタイプです。	思い込みや偏見があることがあります。また、周りに合わせすぎてしまい、自分の意見が言えない傾向があります。お客様からお勧めを聞かれたときに応えられないことが多い。	自分では判断できない人と見られることもあります。また、どちらかと言うと否定的な見方をする人と思われることもあります。	

47

Ⅰ　お客様・スタッフとの良い人間関係の作り方

タイプ		全体的な傾向	仕　事	プライベート	方向性(図表15参照)
右上がり型	良い点	協調性があり、人の意見に素直に耳を傾けます。また、明るく子供っぽい一面もあります。	周りとの協調性は抜群です。そして、とても明るい人と見られます。	常に周囲に合わせてくれる、気遣いのできる人と見られます。	父親の顔と母親の顔を出すようにしましょう。自分に厳しくすることが大切です。
右上がり型	課題点	ルールや約束にルーズです。人を叱りもしなければほめることも少ないです。人の顔色に左右されてしまう傾向があります。	遅刻が多かったりルールを守るのが苦手な一面もあります。また、他の人のいったことに流されてしまう傾向があります。	自分がない、自分の考えを言ってくれない人と見られることもあります。また、約束を守らない傾向もあります。	
左上がり型	良い点	ルールや約束を守ります。そして思いやりや人のために何かをすることも多い。	決めたことやルールに厳しい人という印象を与えます。かといって厳しいだけでなく世話もいろいろしてくれる人とも見られます。お客様からはいろいろ気遣ってくれる人と見られるでしょう。	約束をきちんと守り、そして周りのことを思って行動してくれる人と見られるでしょう。	自由な子供の顔を出すようにしましょう。もっと自分のことを伝えるようにしましょう。お客様に対して相手の意見を聞くことも大切です。
左上がり型	課題点	周りに対しての決めつけが多いです。また、批判的・説教的な部分も多分にあります。そして楽しむことが苦手で頑固です。あたまが固いという印象を与えてしまうこともあります。	決め付けや思い込みで相手を見てしまうことがあります。また、新たなアイデアを出すのが苦手です。お客様からは自分の考えを押し付ける人と見られることもあります。	第三者に対する否定や賞賛が多いでしょう。そのことが噂話が好きな人とか他の人のことを言うのが好きな人と見られるかもしれません。	
一型	良い点	全てにおいて可もなく不可もなくバランスが良いです。人に合わせることができます。	バランスのとれた人と見られます。点数が高ければなんでもこなすすごい人と感じることでしょう。お客様からは積極的な人と見られるでしょう。	バランスがとれていて何事にも積極的に見られます。	大人の顔を出すようにしましょう。冷静に物事を判断できるようになればさらに良くなっていくでしょう。お客様に対して相手の話を聞くようにしていきましょう。
一型	課題点	全体的に点数が高い人はエネルギッシュに見えますが全体的に点数の低い人はやる気が無いように見えてしまいます。	なんでもこなすだけに近寄りがたいと思われてしまうこともあります。お客様からはちょっと近づきにくい人と見られることもあります。点数が低いならば何事にもやる気の無い人と見られてしまいます。お客様からはやる気のない人と見られることもあります。	バランスが良い反面、これといって特長の無い人と見られることもあります。点数が低いと消極的な人と見られることもあります。	

※これはあくまで１つの見方です。人によって同じ型でもそれぞれの顔の出やすさ・出にくさ度合いで傾向が変わります。

図表17　出やすい顔

相手の出やすいと感じる顔で最初に話しかけることです。
するとすんなり会話が始まります。

［相手が「父親の顔」が出やすい人と感じたとき……］
　　時事に関することや、第三者の評価やルール・規則に関することから会話をはじめると「コミュニケーション」がスムーズです。
　　　例）最近の政治はどうなっているのですかね。
　　　　　今の子供たちはだらしがないですよね。

　　ただし、あまりにこの顔で話すと……
　　お互いに相手のあらが見えて対立する場合もあります。
　　緊張感がただようこともあるので注意！

［相手が「母親の顔」が出やすい人と感じたとき……］
　　ねぎらいや誰かを認める（ほめる）ことからコミュニケーションを行いましょう。
　　　例）テレビに出ている○○さんおしゃれですよね。
　　　　　最近、体の調子どうですか？

　　ただし、あまりにこの顔で話すと……
　　相手のことを思いすぎてお節介になる。
　　また、改善すべき点を指摘できない「ナアナアの関係」になることも。

［相手が「大人の顔」が出やすい人と感じたとき……］
　　感情を表に出さずいきなり仕事の話から「コミュニケーション」を取っても大丈夫。
　　　例）今日の勤務人数は何人？　在庫は何日分あるの？

　　ただし、あまりこの顔で話すと……
　　物事は合理的話し合われ解決されるが、楽しさや感情が伴わないのでつまらない関係になることも。

［相手が「自由な子供の顔」が出やすい人と感じたとき……］
　　冗談や趣味の話から「コミュニケーション」を取るとスムーズ。
　　　例）昨日の△△△テレビ見ましたか？
　　　　　○○の雑誌見ました？

　　ただし、あまりこの顔で話すと……
　　お互いに自由で、縛られない楽しい関係であるが、はめを外すと周囲に不快感を与え迷惑をかけることに注意。

［相手が「素直な子供の顔」が出やすい人と感じたとき……］
　　社交辞令やあたりさわりのない話からコミュニケーションを行う。
　　　例）今日は暑いですね。
　　　　　もうすぐ秋ですね。

　　ただし、あまりこの顔で話すと言いたいことも言えず、自分の感情も出さずに遠慮し妥協している関係。
　　お互いの顔色を伺いながら話をする。それゆえに、お互いに不満がつのり、感情的になってしまうこともあるので注意。

I　お客様・スタッフとの良い人間関係の作り方

　私たちの心の中に5つの顔があるのと同様に相手にも5つの顔がある。そこで、相手と話をする際に、まずは相手がどの顔が出やすい人なのかを考えてみよう。

　図表16にあるように、5つの顔にはそれぞれ特長がある。それをもとに相手がどの顔が出やすいのかを考える。これは難しく考えずに直感で構わない。そして、図表17の中で相手が出やすいと思う顔の部分を読んでみよう。

　まず相手の心の顔に合わせることが大切である。会話の最初は相手に合わせること。最初に相手に合わせた上で話を継続することで関係がスムーズにいく。最初の第一歩を相手に合わせなければ会話がすぐに終わってしまう。まずは相手に合わせることが重要なポイントである。特にお客様に対して最

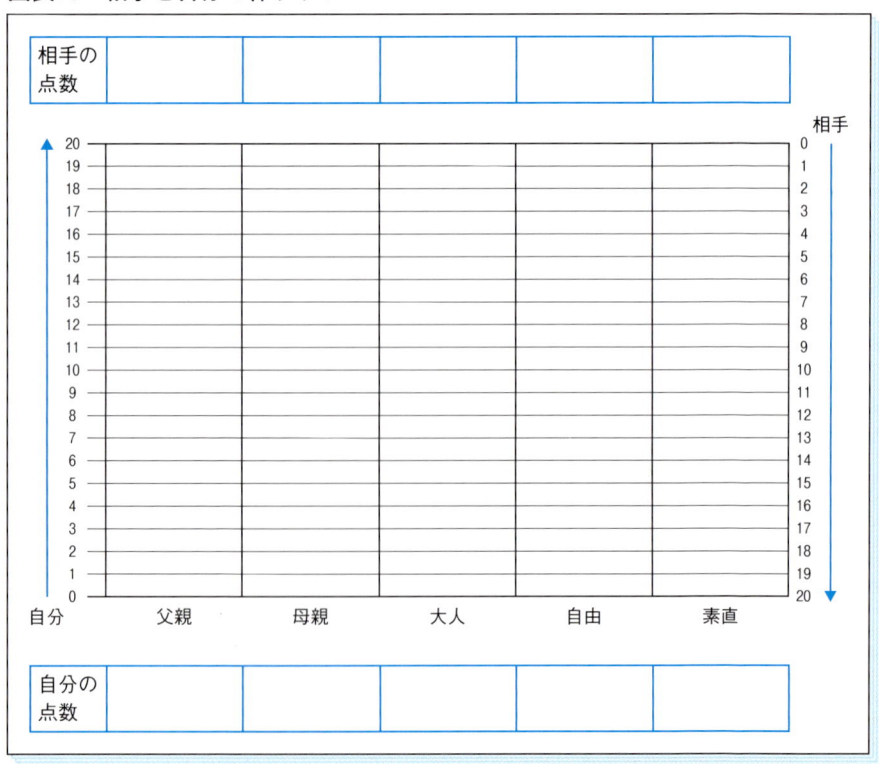

図表18　相手と自分の棒グラフ

相手の点数					

縦軸（自分）：0〜20　　縦軸（相手）：0〜20

横軸：自分／父親／母親／大人／自由／素直

自分の点数					

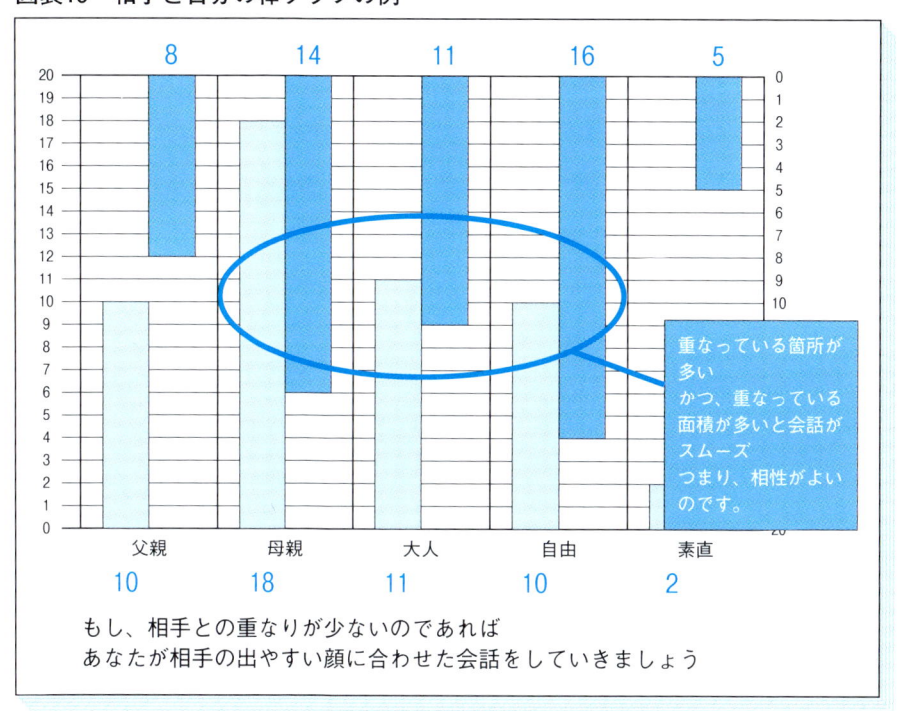

4　相性チェックでスタッフ、お客様との接し方を知る

図表19　相手と自分の棒グラフの例

	父親	母親	大人	自由	素直
相手	8	14	11	16	5
自分	10	18	11	10	2

重なっている箇所が多い
かつ、重なっている面積が多いと会話がスムーズ
つまり、相性がよいのです。

もし、相手との重なりが少ないのであれば
あなたが相手の出やすい顔に合わせた会話をしていきましょう

初は相手の心の顔に合わせるようにしよう。

【相手との相性をみる】

　先ほどの心の顔チェックができる相手が他にいるのならば、自分と合うか合わないかをみることができる。相手にチェックしてもらうか、あなたが相手のことをよく知っているのならば相手になったつもりでチェックしてみよう。

　そして、今度は棒グラフで表現する。棒グラフを下から自分の点数で棒グラフを上から相手の点数で棒グラフを書いて見る（図表18）。二人の棒グラフの重なり具合で合うか合わないか判断できる。

　5つの顔で重なる顔が多く、しかもひとつの顔の重なっている部分が多い

ならば相性の良い相手である。無意識のうちに同じ顔で接することができる。もしも5つの顔の重なりが少ない、または1つの顔の重なっている部分が少なければ相性の良くない相手である（例：図表19）。

　会話が噛み合わない。相性が良くないからといってあきらめてはいけない。先ほど見てきたように相手の出やすい顔の話題を心掛ければ自然と合う関係になる。ただし、プライベートでこの関係が合わないのであれば無理に合わせると時間が経つにつれて疲れてしまう。その時には、あなたの出にくい顔を出やすくすることを心掛けることだ。すると相手の心の顔と重なる部分が増えて関係も良くなっていく。

《まとめ》

　人間関係やコミュニケーションはなかなか難しい。今回は心の顔を通して人間関係やコミュニケーションを良くする方法の1つを見てきた。人には5つの心の顔があり、その出やすさ、出にくさが人間関係やコミュニケーションに大きく影響する。

　まず自分の「心の顔」の出やすさ出にくさを知ろう。その上で出にくい顔を出るようにすることでバランスよく顔を出せるようになる。そうすると、出さなければならないときに適切な顔が出せ、周りとうまくいくことができるようになる。

　また、相手と話をする時は必ず相手に合わせること。相手に合わせることで会話が継続し関係を築けるようになる。

　今回の内容を難しく考えずにひとつずつできるところから進めていこう。実行することで結果が出る。

《ポイント》

1　今の自分を知る

　5つの心の顔があることを理解すること。そして。あなたの「心の顔」の出やすさと出にくさを知ることが大切。この「心の顔」は環境や状況に応じて変化する。定期的にチェックをして自分を知ろう。

2　出にくい顔を出やすくする

　「心の顔」の出やすさ、出にくさが人間関係や仕事に影響する。出にくい顔を出るように意識しよう。そのためにはそれぞれの顔を出やすくするための具体的な方法を意識して取り組むこと。出にくい顔が出やすくなれば人間関係が向上する。

3　相手の心の顔に合わせる

　相手と話すときには相手に合わせること。他人は変えることはできない。まずはあなたが合わせて話すようにしよう。相手に合わせることで信頼関係が築け、人間関係をうまくいかせることができるようになる。

Ⅱ　モチベーションアップ

～店舗全体のやる気を引き起こす方法～

5　スタッフのモチベーションアップ
　　「周りをやる気にさせる店長のアプローチ法」

《基本的な考え方》

　あなたはどのようなスタッフと仕事をしたいだろうか。年齢？　経験のある人？　知識のある人？　働く時間に融通のきく人？　なんでも素直に聞いてくれる人？

　望むことはいろいろあるだろう。だが、やる気のあるスタッフと仕事をしたいのではないだろうか。

　やる気のある人は仕事を教えても覚えが早いし、自らの意志でいろいろなことにチャレンジし、こちらからお願いしなくても進んで仕事をするだろう。

　経験あると思うが、スタッフはやる気になると勤務態度（＝行動）が変わる。しかもやる気になると「テキパキ働く」「笑顔が多くなる」「たくさん仕事をする」といったように、店長が望んでいることをしてくれる。

　店長としていかにスタッフにやる気を持ってもらうかが１つのポイントである。

　では、やる気になってもらうためにはどうすれば良いだろうか。あるデータによると、スタッフがやる気になるのは「自分の仕事に対する評価があるとき」と「職場のコミュニケーションが良好なとき」である。

　「仕事に対する評価」を言い換えると、店長であるあなたがスタッフに対して仕事上でコミュニケーションがとれているかどうかということだ。そして「職場のコミュニケーションが良好なとき」とは、仕事のこと以外でもコミュニケーションをとれているということである。

つまり、スタッフにやる気を持たせるのも持たせないのも、店長のコミュニケーション力にかかっているといっても過言ではないのだ。

【コミュニケーション度チェック】

では、あなたの店舗でのコミュニケーション度をチェックしていこう（図表20）。左の項目に対して、「はい」または「いいえ」に「○」をつけて欲しい。項目に対して「はい」はどれだけあったであろうか？

○が18項目以上ついた人はスタッフと良好なコミュニケーションが取れているといえる。だが、○が7個以下の人は要注意である。まずはスタッフに話しかけよう。スタッフにやる気を起こさせるコミュニケーションについてはその後だ。

《具体的な進め方》

【店長のコミュニケーション】

コミュニケーションと言っても、単にスタッフと話をするのが好きとか雑談をするということではない。スタッフにやる気を持ってもらえる話ができてこそ、店長としてコミュニケーションができているということになる。

スタッフは評価をしてもらう（認めてもらう）と一番やる気になる。店長から認められていると感じるからこそやる気になる。だからあなたが取るべきコミュニケーションのひとつはスタッフを認めることである。

【ほめると話を聴く】

相手を認めるコミュニケーションは大きく2つある。1つは「ほめる」ことであり、もう1つは「話を聴く」ことである。ぜひ仕事でスタッフをほめることを心がけて欲しい。

「ほめる」とは仕事において具体的に良かった点を伝えるということである。良い点なんかありませんよという人もいるかも知れない。それはスタッフに良い点がないのではなく、あなたがスタッフの良い点を見つける努力を

Ⅱ　モチベーションアップ

図表20　コミュニケーション度チェック⇒やる気を引き出す人間関係作りチェック

No	項目	はい	いいえ
1	スタッフ全員の名前をフルネームで言える		
2	スタッフ全員の誕生日を知っている		
3	あなたの名前（フルネーム）をスタッフ全員が知っている		
4	あなたの趣味をスタッフ全員が知っている		
5	店舗目標または店舗で取り組んでいることを全スタッフは知っている		
6	入店後1ヶ月以内で辞めるスタッフはいない		
7	退職者は皆辞める理由が明確である		
8	笑顔であいさつをしている		
9	帰りがけには「お疲れ様」とあなたから言っている		
10	スタッフに声を掛けられても聞こえなかったりする振りをしたことはない		
11	いらいらすることがあっても必ず一日一回は全員に声を掛けている		
12	新人スタッフには毎回仕事についてフィードバックしている		
13	評価面接を定期的に行っている		
14	ベテランスタッフには積極的に仕事上の良かった点を伝えている		
15	スタッフの話を聞くときには相手の目を見ている		
16	スタッフとの会話はあなたから一方的ではなく必ず相手にも話しをさせている		
17	スタッフの話を否定するときには必ず代案をだしている		
18	仕事で良いところのあったスタッフにはその場またはその日のうちにほめている		
19	あなたの期待以上の結果を出したスタッフは朝礼等で皆の前でほめている		
20	「私の店舗のコミュニケーションは良好です」と胸をはって人に言える		
	合　　計		

「はい」が「2個以下」の場合…全員無視の鉄仮面店長
　あなたの店舗が大変心配です。コミュニケーションどころの話ではありません。営業できているのが不思議なくらいです。言葉を交わすことです。次の出勤時にはあなたから全員にあいさつをしましょう。

「はい」が「3個～7個」の場合…自分が必要なときだけ会話するわがまま店長
　必要なときだけ声をかけ、それ以外はほとんどコミュニケーションがとれていない可能性があります。また、最低限知っておかなければならない情報がスタッフに伝わっていない恐れもあります。仕事の話も大切ですが、その前にもう少しスタッフとコミュニケーションを取りましょう。ぜひ、あなたから趣味や家族のことなど自分に関することを休憩時間等にスタッフに話掛けてください。

「はい」が「8～12個」の場合…あと一息の堅物店長
　コミュニケーションは可もなく不可もなくです。ただ惰性的に毎日が過ぎていってしまっているかもしれません。次の段階としてもっと仕事にスタッフを巻き込んで新たなことにチャレンジしていくとが大切です。そのために一方的にスタッフに伝えるのではなく、もう少しパート・アルバイトの話に耳を傾けてみることです。また、良い点をみつけ積極的に声を掛けてあげてください。3ヶ月に一度、全スタッフと面接をしてみましょう。

「はい」が「13個～17個」の場合…何でも話せるＯＫ店長
　コミュニケーションは良好です。これからはスタッフにやる気をもってもらうコミュニケーションを常に心がけましょう。そのためにはスタッフの良い点を今以上に伝えるようにすることです。普段から一人一人の言動を観察しよいところ探しをしてみてください。一日一人一人全員に対して良かった点を1つ以上フィードバックしてください。

「はい」が「18個以上」の場合…コミュニケーションの達人店長
　非常にあなたのお店のコミュニケーションは良好であるといえます。スタッフにとっては働きやすい環境でしょう。引き続き今の状態を維持していくこととともに、本文を読んでいただき部下やスタッフのリーダーにもやる気を起こさせるコミュニケーションについて教えてあげて下さい。

していないだけなのである。

　心理学的にも肯定的な言葉（＝相手を認める発言）は肯定的な行動（＝てきぱき働いたり、笑顔がでたり）につながり、反対に否定的な言葉（＝相手を否定する発言）は否定的な行動（＝言われたことしかしない、険しい顔）につながる。

　それともう1つは話を積極的に聴くことだ。話を聴くという行為も相手を認めていることにつながる。聴き上手は、話上手というように、相手のやる気を引き出すコミュニケーションはまず聴くことから始まる。

　この2つこそ店長が行う店舗でのコミュニケーションの柱である。1日1回以上はほめる（＝認める）発言をする、そして、積極的に耳を傾けることを意識して欲しい。このことを実践するだけでもスタッフのやる気はアップするだろう。

　ただし、店長として常にほめるだけではいけない。時には叱ることも重要である。叱るときには遅刻をするから叱っているのだというように、必ず「○○だから」と叱っている理由を伝えることだ。

　「なんでできないの」「何度言ってもだめだな」というように叱っている理由を言わないのは、無意識のうちに相手が自分自身を否定されている、自分の存在そのものが認められていないと感じさせてしまう。これではやる気も起きない。

　理由を伝えることによって、自分が認められていないのではなく、今回の行動が良くなかったと相手に感じさせることができる。すると、叱ることによって今回の行動を正そうというように、またやる気を起こさせことができるのだ。

《まとめ》

　スタッフにやる気を持ってもらうには店長のコミュニケーション次第である。とくに、

　① 「ほめる」＝認める発言をすること

② 「話を聴く」＝認めている姿勢をみせること
③ 「叱るときは理由を言う」＝間違った行動は認めないがあなたは認めている

ということを伝えることを心掛けることだ。この３つでやる気のあるスタッフをさらに伸ばし、やる気のあまり感じられないスタッフもやる気を起こさせることができるのだ。

ただし、あなたがスタッフに毎日一人残らず声を掛けていることが大前提である。

あなたは店舗にいるスタッフ全員に声を掛けているだろうか。また、出勤時にあなたから率先してあいさつをしているだろうか。この２つができていなければ、ここからスタートすることをお勧めする。

《ポイント》

1 話をする

　良い人間関係を作る第一歩は、誰とでも話をすることだ。あなたから積極的に話しかけよう。

2 ほめる

　相手を認めるとさらに良い関係になる。常に周りのスタッフの良い点を見つけて伝えよう。

3 話を聴く

　ほめる以上に効果があるのは話を聴くことである。話を聴くことは相手を認めることにつながる。相手の話を良く聴こう。

6　チームワークを作り、モチベーションアップするための店舗内活性化ミーティング
「皆を巻き込み、モチベーションをアップさせ結果を出す方法」

《基本的な考え方》

　店舗を取り囲む状況はとても厳しくなってきている。厳しい状況だからこそ店舗で働く一人ひとりの協力を得ること、存分に力を発揮してもらうことが必要である。外部状況がマイナスのことが多いからこそ店舗内をプラスにし、チームで取り組んでいけるかどうかが店長の腕の見せ所である。

　店内をプラスにチームで取り組んでいく方法の1つとしてミーティングを活用しよう。ここでいうミーティングとは、皆で意見を出し合い、結論を出す集まりのことを指す。

　店舗ではあなたをはじめ多くの人が働いている。ところがなかなか多くの人の意見を聞く機会がない。多くの人の意見を聴くコミュニケーションの場として最適なのが「ミーティング」である。特にミーティングというとなかなか難しいと思っていないだろうか。

　次頁の図表21をチェックしてみよう。ミーティングの時間をとって話し合うことが少ない、もしくはしていないことはないだろうか。忙しいから、ミーティングよりも他のことをした方が有意義だから、時間がもったいないから、といろいろな理由が出てきていないだろうか。

　だが、もう一度、一緒に働いている人たちの力を借りることを考えて欲しい。あなた一人の力では限界がある。この厳しい時代に皆の力を借りるからこそ結果が出るのだ。皆の力を借りるには話し合う（コミュニケーションの場）を設けることである。

Ⅱ　モチベーションアップ

図表21　チェックシート：当てはまるものに○をつけてみましょう

1	ミーティングは時間のムダだと思う	
2	スタッフにミーティングをするよりも作業をしてもらいたい	
3	ミーティングをしたことがない	
4	ミーティングをしたが1回でやめてしまった	
5	ミーティングをした後で店舗の雰囲気が悪くなった	
6	誰もミーティングをしたがらない	
7	ミーティングをしても結論がでない	
8	ミーティングを中に話が脱線し収集がつかなくなったことがある	
9	ミーティングは特定の人の意見で終わってしまう	
10	ミーティングの仕方がわからない	

※該当する箇所があるならば改善の余地があります。
　ミーティングはやり方次第で簡単にでき大きな効果を発揮します。

【ミーティングの活用】

　ミーティングにはいろいろな効果がある。多くの人は他人に認められたいと考えている。また、誰かの役に立ちたい、必要とされたいとも思っている。これら全てを満たせるのがミーティングである。

　ミーティングに参加してもらうことで「認められている」と感じ、意見を言ってもらうことで「お店の役に立ち」、意見を採用されることで「必要とされている」と感じてもらえるのだ。すると、店内でプラスの人間関係をつくることができる。

　きちんと話し合う場を設け、ミーティングを行うことでプラスの人間関係をつくれ、店舗で解決したいことをクリアしていくことができる。

【ポイントは最初のミーティング】

　ミーティングはプラスの人間関係をつくるだけでなく、店舗の問題解決を実現できる面もある。ところが一歩間違うと、「時間がかかる」「意見がでない」「結論がでない」という意味のないものになってしまうだけでなく、2回目以降のミーティングがなくなってしまう。

過去にミーティングを行ったが継続しなかったという場合には、最初のミーティングがうまくいかなかったからということが多い。ミーティングのやり方を間違えるとマイナスの人間関係を生み出し、結果も出ないという最悪の形になることもある。

だから、最初のミーティングは何が何でも成功させることが大切なのだ。

【ミーティングの目的】

ミーティングの目的は「決める」ことである。問題解決や今後の方向性を含めてどうしていくのか「決める」ために行う。

「決める」ということは言い換えれば「結論」があるということだ。「結論がない」ミーティングほど無意味なことはない。「結論を出す」ことが大切であることを頭の中に入れておこう。

【ミーティングの流れ】

ミーティングの流れはテーマがどのようなものであっても基本的には一緒である。流れを見ていこう。

手順１：事前準備

ミーティングを進めるなかでの一番のポイントは事前準備である。この事前準備がしっかりできているかどうかでミーティングの結果が決まると言っても過言ではない。事前準備は効率的かつ効果的にミーティングを進めるために行う。

失敗するミーティングは準備をしていないことが多い。「とりあえず人を集めて話せば何か決まるのではないか」「ミーティングすれば皆意見を出すだろう」という安易な発想で行えば、当然失敗する。この事前準備をきちんとあなたが行うことだ。もし、事前準備をする時間がないのなら、ミーティングを行わないことである。

事前準備には時間はそれほどかからない。準備することは以下の３つ。

図表22　ミーティングの準備シート

ミーティング準備シート

1　【ミーティングのテーマ：何を話し合うのか】
※テーマは一つに絞る

2　【ミーティングのゴール：何を決めるのか】
※自分自身はどのような結論にしたいのか

3　【上記12を進めるために】
①◇結果を出すための参加者
※結果を出すために必要な人全員リストアップする

②◇日時：　　　年　　　月　　　日（　）　　：　　～　　：
※①の参加者全員にでてもらうためにミーティングを1回で行うのか、
　時間帯や曜日ごとに数回に分けるのかを決める

③◇場所：
　　：

① テーマ（何について話をするのか）
　② ゴール（何を決めたいのか）
　③ ①と②から参加者、日時と場所はどうすればよいのか
だけである。

　うまくいかないミーティングではテーマを複数にしていることが多い。最初から欲張らず、テーマを１つに絞り込むことだ（図表22）。参加者もあなたが話しかけやすい人ではなく、各時間帯の核となる人全員を呼ぶこと。もし、全員が参加することが難しいのであれば時間帯を変えて行う。大切なのはミーティングを行うことではない、結果を出すことである。

　※［ミーティングを成功させるために］……事前準備の時間をつくり、話し合うテーマとゴールを明確にすること。テーマは１つにすること。

手順２：告知

　事前準備をしたならば、告知することだ。告知することでミーティングを円滑に進めることができる。図表23のように、
　① 話し合うテーマ
　② 決めたいこと
　③ 参加者と日時
を１枚にまとめて貼り出す。それとともに口頭でも参加者一人ひとりに声を掛ける。前もってテーマを伝えておくと参加者の心構えができる。

　※［ミーティングを成功させるために］……前もって参加者には書面と口頭で確実に伝えること。

手順３：ミーティングスタート

　実際にミーティングを始める。最初のポイントは「時間を守る」ことである。時間が最初から守られないミーティングは参加者からその程度の内容なんだと軽くみられてしまうからだ。また、時間を守らなくても大丈夫という気持ちが相手に伝わればミーティングで決まったことを守っても守らなくて

図表23　ミーティング開催のお知らせ

```
              ミーティング開催のお知らせ
―――――――――――――――――――――――――――――――――
下記内容でミーティングを開催致します。
よろしくお願い致します。

【ミーティングのテーマ：何を話し合うのか】



【ミーティングのゴール：何を決めるのか】



日時：　　年　　月　　日（　）　　：　　～　　：


参加者



※質問等あれば店長まで。
                                              店長
```

もよいのではという軽い気持ちが蔓延してしまう。

　開始時間をどうしても変えなければならない時は前もって変更の時間を伝える、これだけである。

　※［ミーティングを成功させるために］……開始時間は必ず守ること。

手順４：ミーティング実施

　最初はミーティングの司会はあなた自身が行う。ミーティングの結果は司会者次第である。最初は人にまかせず自分で行うことだ。そこで図表24のレジメを全員に渡し、何のためにミーティングを行うのかを伝える。忙しい中でも時間をとって行う理由を説明することだ。

6　チームワークを作り、モチベーションアップするための店舗内活性化ミーティング

図表24　ミーティングレジメ

ミーティングレジメ

日時：　　　年　　　月　　　日（　）　　：　～　　：

参加者

本日の司会者　　　　　　本日の議事録係

【本日のテーマ：何を話し合うのか】

【本日のゴール：何を決めるのか】

◇はじめに：本日のミーティングの目的（何のために行うのか）

◇テーマ説明（テーマを選んだ理由：背景）

◇テーマに基づいて意見を出す（各自紙にまとめる）

◇各自から発表

◇各自からの発表に基づき話し合い
　【本日の結論：いつまでに・誰が・何をするのか…具体的に！】
　店舗全体では：
　各自では：行動することと期日

次回ミーティング　　　月　　　日（　）　　：　～　　：

Ⅱ　モチベーションアップ

図表25　ミーティングのポイント

夜の売上を上げたいと思っているときに……

【原因追求の質問】
　「なぜ、夜の売上があがらないと思う？」

【周りからの回答】
　「競合店ができたから」「夜は人が歩いていないから」
　「場所が悪いから」「人が足りないから」
　「景気が悪いから」
　など言い訳やできない理由がでてくる。
⇒結論がでない。（行動に移せない。）

【今後どうするかの質問】
　「どうすれば夜の売上があがると思う？」

【周りからの回答】
　「近隣にチラシを配る」「夜のイベントを考える」
　「夜の接客レベルを上げる（あいさつの徹底）」
　自分たちがどう行動すれば良いかがでてくる。
⇒結論がでる。（行動に移せる。）

※ミーティングでは原因追求よりも今後どうするかにポイントを絞ること！

　例えば「お店をより良くするために皆の意見を聞かせて欲しい」「お店を良くするための力を貸して欲しい」ということを伝える。そして、今日の内容と決めることを再度共有する。
　それとともにミーティングで話し合われた内容を議事録にまとめる人を決める。あなたが司会をしながら議事録もとなるとミーティングの内容に影響する。そのために議事録をつける人を決めよう。
　※［ミーティングを成功させるために］……ミーティング開始時にミーティングを行う目的、内容の確認と議事録担当者を決めること

手順5：意見出し

　実際にテーマに沿って各自から意見を出してもらう。ここでのポイントは原因を追求しないことである。例えば、売上アップを目指そうと考えた時に売上が下がった原因を追求すると、言い訳やできない理由が目白押しになる。お客様に対してもっと喜んでもらうために、できていないことから探るとできない理由が多くなる。

　今現在の原因を追求するのではなく、今後どうしていくのかにだけ焦点をあてると意見が出やすい。なぜできないのかを聞くとできない理由がでてくる。どうすればと問いかけるからこそできる方法が出てくるのだ（図表25）。

　問いかける例を図表26に載せておく。原因追求ではなく、今後どうするかに絞ることにより短時間で結果の出るミーティングになる。原因を追求してはいけないということである。短期間で結果を出すには、今後に焦点を当てることがポイントということである。

　※［ミーティングを成功させるために］……各自の意見は今後どうするかに目を向けさせること。

手順6：意見交換

　どうしたら売上が上がるだろうかとあなたから提示したならば、次に各自から意見をもらう。ここでは口頭で意見を言うのではなく各自に紙に書いてもらい（図表27）、それから一人ずつ発表してもらうという手順を踏む。

　紙に書いてもらうと自分の意見を出しやすくなり、周りの意見に左右されなくなる。意見を出してもらう時にはまずは紙に書いてから発表してもらおう。ここが守られないと一人の意見に左右される、皆が同じ意見になるとミーティングを行う意味がなくなる。

　※［ミーティングを成功させるために］……紙に書いてから発表させることで各自の意見を出してもらうこと。

Ⅱ　モチベーションアップ

図表26　問いかけの例

質問例
売上アップ
　「どうすれば昼の売上を上げることができるだろうか？」
　「どうすれば夜のお客様を増やすことができるだろうか？」
顧客満足
　「どうすれば来られたお客様に不満を感じさせないことができるだろうか？」
　「どうすれば来られたお客様に満足していただけるだろうか？」
クレーム
　「どうすればクレームをなくすことができるだろうか？」
トレーニング
　「どうすれば全員がお客様に気配りのできるお店になるだろうか？」
　「どうすれば３ヶ月以内にトレーナーを３人増やせるだろうか？」
　「どうすれば新人スタッフを１週間で育てることができるだろうか？」
その他
　「どうすれば報告ができるお店になるだろうか？」
　「どうすれば基本的なことができるお店になるだろうか？」

※質問例を参考にミーティングテーマを考えてみましょう。

図表27　事前に意見を紙に書いてもらう

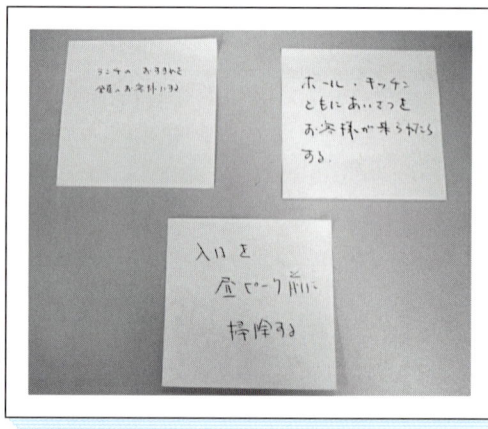

紙に書いてもらう内容は具体的にすること。

×接客を良くする
　⇒できているかどうか判断できない

○来店されたお客様全員にあいさつをする
　⇒できているかどうか判断できる

手順7：発表

　意見を書いたら全員に発表してもらう。**全員に発表してもらうことで皆を巻き込む**。この時にはどんな**意見も否定しない**ことだ。否定されると次から意見を言いにくくなる。どんな意見でも構わない、まずは受け入れることである。

　※［ミーティングを成功させるために］……意見は否定しないこと。

手順8：話し合う

　意見が一通り出たら**店舗目標を決定**しよう。お店でどのようにしていくのかを決める。少数意見も大切だが、多かった意見、つまりより多くの人が感じている意見を中心に目標を決める。店舗目標は最終的に店長が決めよう。そして、その店舗目標をもとに各自がどのように行動していくのか個人目標を決める。この結論を出すことがポイントである。店舗で行うこと、個人（各自）が行うことを具体的にするからこそ意味がある。

　※［ミーティングを成功させるために］……具体的に何をするのかわかる結論を出すこと。

手順9：確認

　ミーティグ終了前に**最後の確認**を行う。まず、あなたが今回のテーマが何で何を決めたかったのかを伝え、店舗目標を再度確認する。その後、各自から取り組むことを再度言ってもらう。そして、目標設定を紙に書いてもらう。目につくところに貼り出すのも効果がある（図表28）。こうすることで今回のミーティングがより意味あるものになる。最後に次回の開催日も伝える。

　※［ミーティングを成功するために］……最後もう一度確認すること。

手順10：議事録

　ミーティング終了時に全員にコピーした議事録を渡そう。その場で渡すことだ。コピーできないようであれば議事録を掲示しても構わない（図表

Ⅱ　モチベーションアップ

図表28　ミーティングの結論を貼り出す

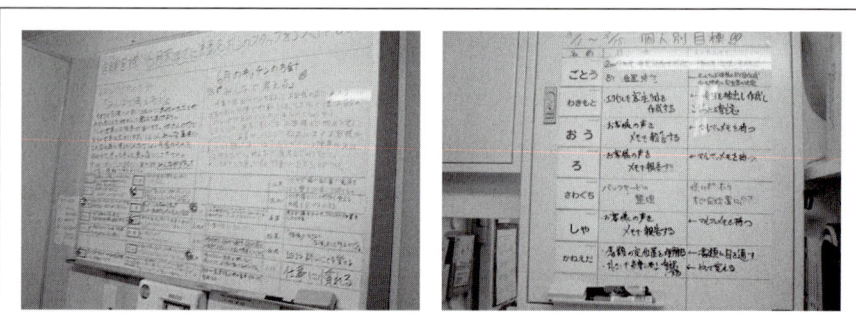

※ミーティングで決めた結論（目標）は貼り出すと効果的です。

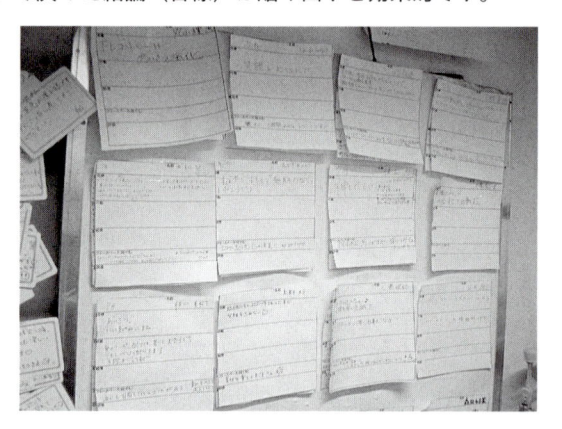

29)。行ったことを忘れないようにすることである。

※［ミーティングを成功させるために］……全員共通の議事録をもつこと。

【ミーティングの流れ】

　ミーティングの流れを整理すると図表30のようになる。まずは１回実施することである。その際のテーマはできるだけ簡単なものにする。最初に行ったミーティングがうまくいくかどうかの分かれ目になる。まずは成功させることだ。

6 チームワークを作り、モチベーションアップするための店舗内活性化ミーティング

図表29　ミーティングの議事録

議　事　録

実施日時：　　　年　　　月　　　日（　）　　：　～　　：

参加者

【テーマ】

◇内容

◇決まったこと
◆店舗の目標

◆部門の目標

◆各自の目標

◇店長から

◇その他

◇次回ミーティング　　　月　　　日（　）　　：　～　　：

Ⅱ　モチベーションアップ

図表30　ミーティングの流れ

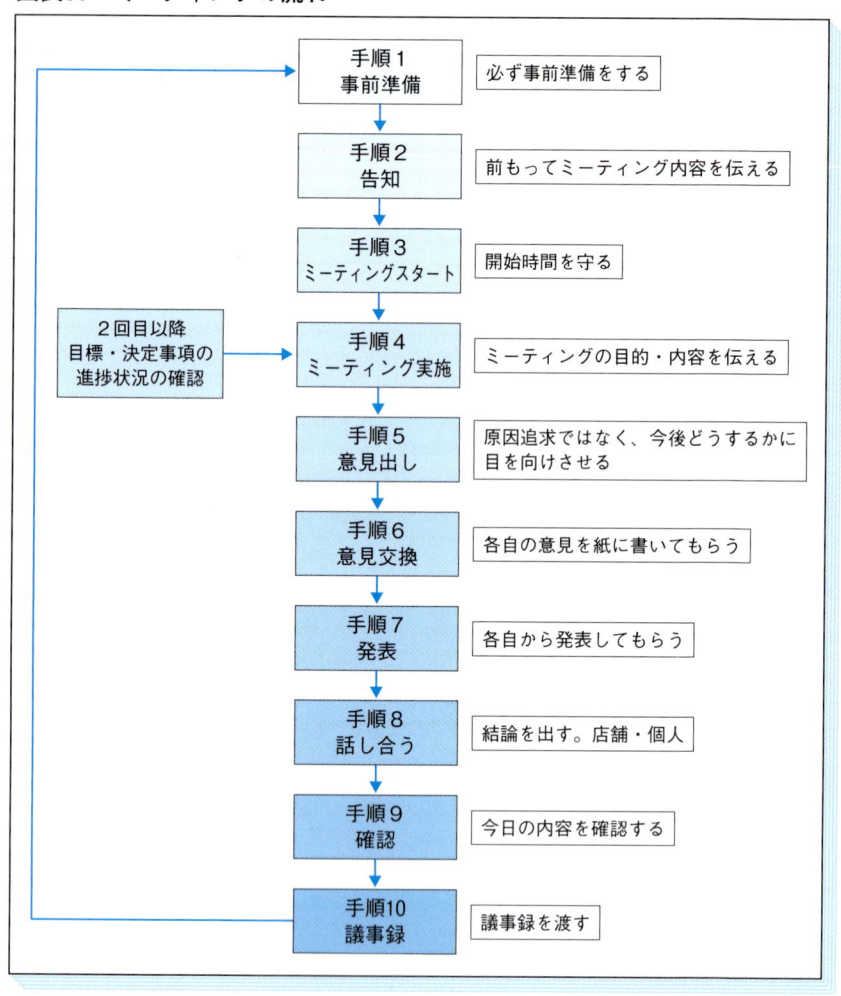

手順1	事前準備	必ず事前準備をする
手順2	告知	前もってミーティング内容を伝える
手順3	ミーティングスタート	開始時間を守る
手順4	ミーティング実施	ミーティングの目的・内容を伝える
手順5	意見出し	原因追求ではなく、今後どうするかに目を向けさせる
手順6	意見交換	各自の意見を紙に書いてもらう
手順7	発表	各自から発表してもらう
手順8	話し合う	結論を出す。店舗・個人
手順9	確認	今日の内容を確認する
手順10	議事録	議事録を渡す

※2回目以降：目標・決定事項の進捗状況の確認（手順4へ）

6　チームワークを作り、モチベーションアップするための店舗内活性化ミーティング

図表31　フィードバックカード

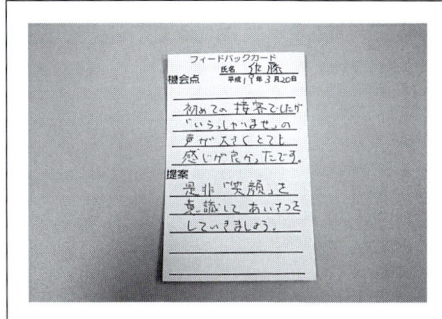

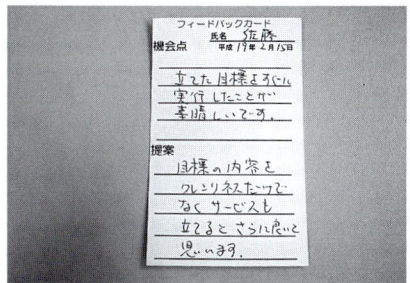

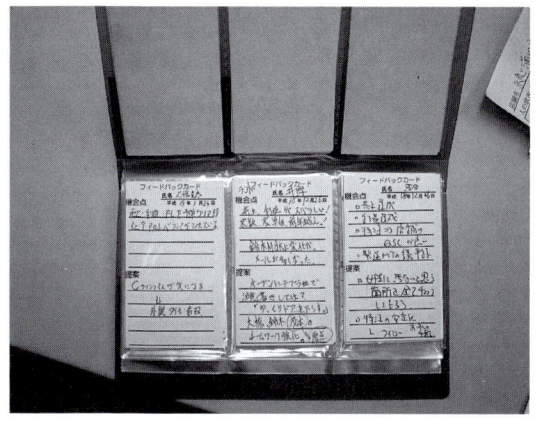

各自からもらったフィードバックカードをまとめておくと、後で読み返すことができ行動する際の参考になるだけでなく、認められている感じ、モチベーションアップにもつながります。

2回目からは1回目の結論(店舗目標・個人目標)の結果がどうなったのかから始めていく。この際に仮に良い結果が出なかった人がいても否定しない。これからどうするかを再度考えていくことである。結果に対して必ず全員がフィードバックすると効果的である。

　フィードバックの内容は機会点(良かった点)と提案の2つを発表してもらう(図表31)。行ったことに対してフィードバックがあることでよりミーティングは活性化していく。

《まとめ》

　ミーティングには問題解決だけでなく、プラスの人間関係をつくるという効果もある。

　結果を出すためには、まずは1回目のミーティングを成功させることである。そのために今回の内容通りに進めて欲しい。繰り返す内に自店にあったミーティングに変えていくことである。

　ミーティングを実施することでさまざまな部分でプラスの効果が表れることに気付くことだろう。結果のでるミーティングにできるかどうかはあなた次第である。

《ポイント》

1　事前準備をする

　まず事前準備をすることだ。この時間を惜しんでしまうと結果が出ない。あなた自身が準備をする。

2　皆に意見を出させる

　ミーティングでは、あなた一人で決めてしまうことをしないようにする。また、誰か一人の意見に皆が同調しても意味がない。必ず一人ひとりの意見を出してもらう。そのためにも紙に書いてから発表する流れにする。

3　結論を出す

　ミーティングの目的は結論を出すことだ。結論のないミーティングでは意味がない。必ず結論を出す。そして、参加者各自にもどうするのか結論を言わせることである。こうすることでミーティングが意味のあるものになる。

Ⅲ　こじれる会話をなくす

～店長が注意したい人間関係を悪くする
「こじれる会話」～

Ⅲ　こじれる会話をなくす

7　生産性のない会話をやめる
　　「こじれる会話をなくす方法」

《基本的な考え方》

　誰もが良い人間関係を望んでいるのにもかかわらず店舗で起きやすいのが人間関係の問題である。時としてマイナス（ネガティブ）のコミュニケーションが起こり店舗の人間関係を悪くする。このマイナスのコミュニケーションをなくす方法を見ていこう。

【マイナスのコミュニケーション】

　結果（売上・利益）の出ているときにはあまり人間関係は問題にならない。仲が良い・悪い、好き・嫌いに関わらず忙しくて一人ひとりが一生懸命にやらなければならないからである。ところがいったん結果がでなくなると時間

図表32

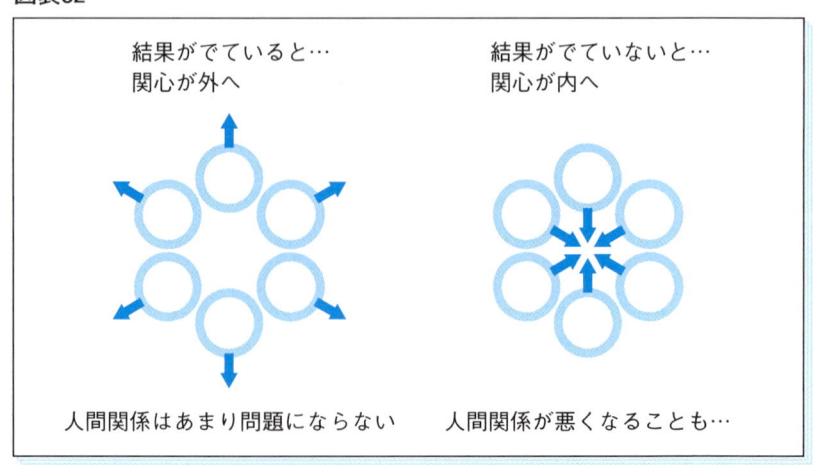

結果がでていると…
関心が外へ

結果がでていないと…
関心が内へ

人間関係はあまり問題にならない　　人間関係が悪くなることも…

図表33　チェックシート：当てはまるものに○をつけてみましょう

1	特定の人と話をして不愉快な思いをすることがある	
2	相談にのっても結論がでないことが多い	
3	気付けば同じような会話を何度もしていることがある	
4	相手の話を聞きながら感情的になってしまうことがある	
5	最近無駄な会話が多いなと感じる	
6	周りでつっかかってくる人がいる	
7	自分を挑発しているのでは？と思える発言・行動をする人がいる	
8	自分が話しかけると皆話がこじれる	
9	話をするのが面倒くさいなと思う人がいる	
10	最近お店の雰囲気が悪いと感じる	

※○がつけば店舗内でこじれる会話をしている可能性があります。

に余裕ができ、気持ちが内に向き人間関係を悪くするようなマイナスのコミュニケーション＝こじれる会話をする人がでてくる（図表32）。

　人間関係が悪くなればお店の雰囲気も悪くなり、お客様に雰囲気の悪いお店と感じさせてしまう。マイナスのコミュニケーション＝こじれる会話は何も生まない。図表33をチェックしてみよう。もし、該当するところがあるならばあなたのお店でマイナスのコミュニケーション＝こじれる会話が頻繁に起きているかもしれない。

【こじれる会話とは】

　こじれる会話とは、①身近な人と起こり、②時間がとられ結論が出ず、③不愉快な思いをし、④何度も繰り返すものである。この４項目全てがあてはまるならばこじれる会話の可能性が高い。

　特定の人と会話をしていて、なぜかいつも話がこじれる、時間ばかりかかって結果がでないという経験はないだろうか。あればこじれる会話＝マイナスのコミュニケーションをしていないかどうかについて見直す必要がある。

　次頁からは具体的なこじれる会話の例と解決法を載せた。こじれる会話を店舗からなくしていこう。その鍵はあなた自身である。

Ⅲ　こじれる会話をなくす

こじれる会話１：答えを求めながらも全て否定する こじれる会話

　店長と店舗スタッフとの間でよく見られる「こじれる会話」である。このケース場合は必ず最初に相手から仕掛けてくる。それは、困ったことや仕事に対する「相談」という形で会話が始まる。

　店長であるあなたはスタッフからの「相談」ということで話を受けざるを得ない状況がすでに作られている。そして、やる気のある店長であればあるほど、スタッフからの「相談」に精一杯答えようとする。すると決まって、「相談」をした相手が一生懸命考えたあなたの「回答」全てを否定する。だから、いつまでたっても結論は出ない。あなたが一生懸命考えて多く「回答」をしても、相手は無意識のうちに全て否定してしまうのだ。結局は時間の無駄遣いである。

　こじれる会話のポイントは「仕掛けてくる相手が冷静さを失っている」点である。冷静さを失っているのであなたの「回答」のどれが一番良い方法なのかを選択することができないのだ。しかも、あなたの「回答」を全て否定してしまい、状況は悪化の一途をたどってしまう。

　解決法は「相手に冷静な頭を取り戻させること」である。ただし、「冷静になれ」「落ち着け」と言っても相手はよけい興奮して冷静な頭を失ってしまう。簡単な方法は相手に質問をすることである。「〇〇さんはどうすればよいと思うかな？」「〇〇さんはどうすればベストかな？」といった質問をすれば戸惑いながらも相手は考えざるを得ない。「考える＝冷静な頭を取り戻す」ことである。すると冷静にどうすれば良いか考え結論が出やすい。

　質問をすることで時間をとられると考える人もいるだろう。だが、無駄な会話で時間を使うよりは結果が出る分だけはるかに有用である。

簡単に結果を出しやすい「無視をする」という選択肢もあるが、スタッフから「店長に相談したけど無視された」と後々で面倒（こじれる会話）になるので、やはり時間をとっても考えさせることである。

> 解決の鍵：相手に冷静な頭を取り戻させる。そのために質問すること。

【事例】

P／A（＝パート・アルバイト）があわてて店長のもとにやってくる。

P／A：店長、店長！　大変です。来るはずの○○さんがまだ来ていません。このままじゃ、ピークにまわりませんよ！

店　長：（驚いて、対処法を考える）えっ！　じゃあ○○さんにすぐに電話しなきゃ！

P／A：連絡しても、どうせ電話に出ませんよ。

店　長：じゃあ、△△さんに残ってもらおうか！

P／A：きっと無理じゃないですかね。

店　長：う〜ん、よし僕が二人分両方やるぞ！

P／A：店長は一つに専念してください。

店　長：じゃあ、悪いけど今の人数でやってもらえるかな？

P／A：それが無理だから、店長に言いに来ているのですよ！　本当にちゃんとしてくださいよ。

店　長：じゃあ、どうすればいいんだよ！

P／A：それを考えるのが店長じゃないですか！

店長は真剣に考えて行動しようとしますが、パート・アルバイトが全て否定します。最後は結論がでない会話です。

Ⅲ　こじれる会話をなくす

こじれる会話２：自分を否定するこじれる会話

　こちらが期待している人にはできるだけ早く成長してもらいたいものだ。その期待が大きければ大きいほどその想いは強くなる。この期待がこじれる会話の原因になるパターンをみていこう。

　店長は新入社員に目をかけ、少しでも早く成長してもらいたいと思っている。それが「こじれる会話」を生み出していく。実は新入社員は本当に辞めたいとは思っていない。これは、店長と話がしたい（耳を傾けて欲しい）のである。

　大抵、部下の自分を否定する発言であなたを困らせる会話はこのことが多い。だから、このような「こじれる会話」は常日頃から仕事に対してのフィードバック、特に期待をかけた発言を心掛け、繰り返し繰り返し本人に伝えることで解消されていくことが多い。

　私たちは心の中では期待しながらも、なかなかそのことを声に出して本人に伝えていない。だからこちらが思うほど相手に明確に伝わらない。以心伝心とはなかなかいかないのだ。

　部下はコミュニケーション（＝あなたとの交流）を求めている。話をしたいということを言いにくいために無意識にあなたを困らせるような発言を繰り返す。本当に「辞めたい」のであれば、相談せずに「辞めます」と言ってくるだろう。「辞めたい」「私は思われているほど能力がない」「そんな器ではない」等の発言はこれに似ている。

　「辞めたい」と相手が言ってきた場合に、本心かどうかを知る方法がある。５Ｗ２Ｈの質問で相手に尋ねると良い。

　「辞めたい」と言ってきた時に、「いつ辞める？」「どういった方法で本部に伝える？」「店長の私から伝える、それとも自分で伝える？」「辞

表はどうしようか？」「いつ書く？」といったように具体的に質問すると、本心でない場合には「店長、実は辞めたいぐらい嫌なことがあるのです」とか「店長は本当に私を辞めさせたいのですか？」と言った本音が出る。期待していればいるほど、「辞めたい」と言われると動揺してしまう。その言葉が本音かどうかということを見極めることも店長として大切なことだ。

あなたがとるべき行動の一番は「話す機会を増やす」ことだ。特に仕事に対してのフィードバックを行う。これを心掛ける。また、定期評価の時には特に時間を十分にとって面接をし、あなたが一方的に話すのではなく、じっくりと話を聴いてあげる。あなたが日ごろから十分に話を聴いているかどうかがこの「こじれる会話」をなくす鍵なのだ。

> 解決の鍵：話す機会を増やす。話す時間を作ること。

【事例】

社　員：「店長、今よろしいですか？」
店　長：「なんだい！　いいよ。まあ、座ってよ」
社　員：「実は会社を辞めたいですが……」
店　長：「なんで辞めたいの？　見ている限りはこの会社と仕事が好きそうだけどなぁ」
社　員：「仕事は好きですし、会社も好きですし、このお店も好きです。ただ、……」
店　長：「ただ？」
社　員：「僕に能力がないみたいです。いつも足を引っ張っていて……」
店　長：「そんなことはないよ。いつも一生懸命やっていることはわ

Ⅲ　こじれる会話をなくす

　　　　　　　かっているよ」
社　　員：「店長そんなに僕をかばうことはないです。みんな僕はできないと思っています」
店　　長：「そんなことはないよ。スーパーバイザーだって、部長だって君のことを認めているよ」
社　　員：「そんなことは絶対にありません。なぜ部長やスーパーバイザーが認めているとわかるのですか？」
店　　長：「直接聞いたからだよ」
社　　員：「じゃあ、なぜ部長もスーパーバイザーも僕に厳しく当たるのですか？」
店　　長：「それだけ君に期待しているからだよ！　言われているうちが華だよ！　期待していなければ話をしないって！」
社　　員：「店長、僕をかばわなくてもいいです。そんな店長こそ僕に能力がないから辞めて欲しいと思っているのではないですか？」
店　　長：「（怒って）なに！　もう一度言ってみろ。人が真剣に聞いてれば……もう、仕事に戻ってくれ」
社　　員：「店長はやっぱり僕に能力がないと思っているんだ」
店　　長：「うるさい、そんなにうだうだ言うなら辞めちまえ！」

最後は店長が怒って終わるこじれる会話です。

> ## こじれる会話３：指摘を何度もしなければならない、こじれる会話

　何度言ってもその場では守るが継続しない。見ていないところでは実行しない。こんなケースにぶつかったことはないだろうか。これは、なぜそうしなければいけないのかという意味を理解させていないことから起こることが多い。

　指示を受けた側（パート・アルバイト）がなぜ名札をつけなければならないのかを理解していない。だから、言われたからするといったことになり、結局は継続しない。だから、言われなくなるとしなくなる。

　指示をするあなたは、なぜそうしなければならないかを十分に理解しているが、相手は理解していないということだ。自分が分かっているから相手もわかるだろうということはない。相手も知っているだろう、相手も同じように考えているだろうと勝手に解釈してしまうところにギャップが生じる。相手にとっては意味もわからずにさせられているということだ。だから会話がこじれるのだ。

　当たり前のことだが、自分と他人とは違うということをもう一度考えて欲しい。同じ絵を見ても解釈の違いが生じる。同じことを聞いても意味が異なることがあるのだ。

　この場合「名札は毎回つけてくれ」と言ったならば、相手が「はい、わかりました」と言っても「なぜ名札をつけなければならないの？」と質問することが大切である。**相手になぜそうしなければならないのかという理由を考えさせることである。**

　こちらからなぜ名札はつけなければならないのかを一方的に伝えるだけでは、「わかりました」で終わってしまい、結局、意味を理解せず継続はしない。必ず相手に考えさせることだ。例え「なぜだかわかりませ

ん」と言ってきたとしても「名札をつけないとお客様が見てどう思う」といったように導く質問をして相手に答えさせることだ。

　指示を徹底させるポイントは2つ。1つはしなければならない理由を伝えること。そしてその理由を相手に考えさせ、気づかせることだ。気づくことによって行動に移し、意味を理解することによって継続する。この手続きをすることによってあなたが怒ることは（心の中も含めて）少なくなるだろう。

　何でこんな当たり前のことをしないのだと相手を否定する前に、あなた自身のアプローチを変えることが大切である。

> 解決の鍵：なぜかという理由を伝える。気付かせること。

【事例】

店　長：「〇〇君おはよう！」
P／A（＝パート・アルバイト）：「店長おはようございます」
店　長：「〇〇君、ところで名札はどうしたの？」
P／A：「あっ！　すみません。すぐにつけます」
店　長：「頼むね」
——それからしばらく経って、
店　長：「お疲れ様！　あれ〇〇君、名札はどうしたの？」
P／A：「あっ！　すみません。すぐにつけます」
店　長：「（チョット怒りながら）頼むね」
——次の日
店　長：「（怒りながら）〇〇君、名札はどうしたの？　昨日も言ったよね！」
P／A：「（悪びれずに）あっ！　すみません。すぐにつけます」

店　長：「(怒りながら) 本当に頼むよ！　何度言わせるんだ！」
——しばらく後
店　長：(心の中で……)　また、○○君名札をつけていないよ。○○君は能力あると思うのだけどなぜ、名札をつけないのだろう。今日もつけていないよ。

店長が言っても言っても解決されない、こじれる会話です。

Ⅲ　こじれる会話をなくす

> **こじれる会話4：繰り返し言ってもルール違反が
> 直らない、こじれる会話**

　何度注意しても遅刻をする。何度指摘しても仕事の期限を守らない。何度言っても指示通りにしない。このような経験はないだろうか。何度も繰り返して、しつこいくらい言っても変わらない人、今回は繰り返し言っても変わらない、こじれる会話である。

　私たちは上に立てば立つほど、部下が増えれば増えるほど、指示や命令をする機会が増える。指示通りにする人もいれば、中には伝えてもなかなかできない人もいる。その指示の守れない人に対して、なんとかしてやってもらおうと繰り返し繰り返ししつこく言った（指摘や注意）ことはないだろうか。

　言えば変わるだろう、1回言っても変わらなければ2回言おう。2回言っても変わらなければ3回言おう。それでも変わらなければ変わるまで言おうと、変わるまで言い続けてしまうこともある。

　だが、残念ながら繰り返し言って変わる人は少ない。本当に変えることができる人は1回言えば変わるからだ。繰り返し言っても、言う方もストレスだし、言われる方もストレスである。

　言葉は3回以上繰り返し言うと「意味」が変わって伝わってしまう。「早く！」という言葉は何気なく使われる。1回言うだけだと「早くしてくれ」という言葉通りの意味で相手に伝わる。ところがこれを繰り返すと「意味」が変わる。「早く・早く・早く・早く……」口に出すと分かるが「お前は早くできない！」ということを相手に無意識に植え付けてしまうのだ。すると何度言っても仕事が遅くなり、それを繰り返し指摘しても変わることはない。

　同様にあなたが指示をした後で、「わかった？」と聴くのは「理解し

ましたか？」という意味になる。ところがこれも繰り返し「わかった？ 本当にわかった？ もう一度言うよ、本当の本当にわかった？」と言うと「どうせ言ってもわからないだろう」ということになる。すると指示をしても肝心なところがぬけていたり、ミスが多くなったりする。

　言葉は繰り返し言えばいいのではない。また、仕事の期限を守れな人に対して「期限を守れ、もう一度言うぞ、守れよ、絶対に守れよ」と念を押す言葉は「結局、お前は守れないぞ」と暗示を与えてしまうことになる。遅刻などの問題行動も同様である。このように、できていないことを指摘するのに簡単な言葉（早く、守れなど）を繰り返し繰り返し、しかも語気を強くすればするほど意味が変わって相手に伝わるので要注意である。

　言えば変わるだろう。変わるまで言い続けようとするのでは相手は変わらない。エネルギーをかけるだけムダになってしまう。

　このこじれる会話を解消するポイントは３つある。まず、①指摘する際にはずばり一言で一回だけ言うこと。繰り返して言わない。②問題ある行動は相手と合意し、行動が「問題である」ことを相手に気付かせること。③相手に今後どうするか（過去ではなく未来をどう変えるのか）を本人に考えさせ、まとめさせることである。相手に問題を気付かせ、自分をどう変えるのかを考えさせることである。

　最後に１つ注意点として、なぜこのような行動をとるのか、なぜ遅刻するのか、なぜ期限を守れないのか等を本人に答えさせるのは避けたほうが良い。「なぜ」「どうして」と聞くと返ってくるのは「言い訳」ばかりである。問題は解決しないし、イライラするだけである。

> 解決の鍵：繰り返し言わない。未来を見させること。

Ⅲ　こじれる会話をなくす

【事例】
社　　員：店長、この提案書をみていただけますか？
店　　長：……。
社　　員：店長、この提案書をみていただけますか？
店　　長：はい、はい、はいはいはい見ておくよ。
　　　　　（何度も言わなくてもわかるのに○○君はしつこいよな）

店　　長：○○君、ちょっと来て。この帳票書いておいて。
社　　員：はい、わかりました。
店　　長：わかった本当にわかったの？　わかってる？　わかった？
社　　員：はい、わかりました。（ちょっとうるさそうに）
店　　長：（心の中で……○○君はいつもあぁ言って、言ったことをきちんとやってくれないんだよな）

店長が繰り返し言っても変わらないこじれる会話です。

こじれる会話5：言い訳ばかりする部下との こじれる会話

　どうしても期限を守らない部下がいたとする。上司であるあなたが「なぜ、期限を守れないのか」「守る気がないのか」と聞くと、返ってくる答えは「仕事が忙しくて」「やるつもりでしたが時間がとれずに」と言い訳ばかり。

　同様にこちらからお願いしたこと、例えば「お客様が来られたらあいさつをしよう」と伝えても数日であいさつをしなくなった時に、「なぜ、言ったことを守らないのか」と言っても「いや、忙しくてできませんでした」「あいさつをする気はあるのですが、たくさんの人が入ってくるとなかなか……」と同じく言い訳が出てきてしまう。

　また、新たな物事にチャレンジしようとしても部下に「店長そんなの忙しくてできませんよ」「無理ですよ」と言われたとする。その時に「なぜ、忙しいの。全然忙しくないよ」「無理ってなぜ無理なの」と聞いてしまうと、「店長はわかっていない」「これだけ人がいないと無理ですよ」と、できない理由が次々に出てきてしまう。こちらが話したことに対して、言い訳ばかりする。

　その時の原因は実は「なぜ」と聞いてしまうことにある。「なぜ」「なんで」「どうして」と聞くと人は無意識のうちに心のガードを固めてしまう。つまり、言い訳やできない理由を答えてしまうのだ。

　残念ながら言い訳を言わせてしまったり、「できません」と言わせてしまったならば、考えることを停止してしまって先に進まない。いかに言い訳やできませんを言わせないようにするかである。そのためには「なぜ」を使わない。「どうすれば」に言い変えることである。「なぜ遅刻するの」ではなく「どうすれば出勤時間よりも早く来られるのかな」

「どうしたら可能なのかな」と言うことである。

　視点を過去にではなく、未来に向けることである。なぜは相手の心の中に過去を描かせてしまう。それに対して「どうすれば」は、相手の心の中に未来を描かせる。私たちが変えることができるのは未来である。だから、相手に対して今後どうすればよいのかを心に描かせることである。そのための言葉が「どうすれば」である。そして、相手が答えを返してきたならば、さらに具体的に描かせることである。

　遅刻の例でいくと「そうですね。1本早い電車に乗れば大丈夫です」「どうしたら1本早い電車に乗れるかな」「それは、5分早く行動すれば」というように前に向かって進み始めることが多い。同様に「忙しくてできません」と言われる前に、「どうしたらこれを行えるようになるのかな」と聞けば「それではあと1人この時間に足していただけると」と言ったように次が出てくるのだ。

　私たちにとって最も大切なのは「言い訳」や「できない理由」を言わせずに、「結果」を出すことなのである。

解決の鍵：言い訳を聞かない。どうすればできるのかを聞くこと。

【事例】
P／A（＝パート・アルバイト）：（時間ぎりぎりで慌ててタイムカードを押して）ぎりぎり間に合った〜、ちょっと遅刻かな。

店　長：（怒り顔）今日も遅刻だね。なぜいつも遅刻するの？　なんで？

P／A：今日は出かけようとしたら、家に忘れ物をして取りに帰っていたら……。

店　長：そんな言い訳はいいから、なぜ毎回遅刻するの？　この前は

　　　　　なぜ遅刻したの？
Ｐ／Ａ：この前は駅からの道が込んでいて、走れなかったので……。
店　長：だから言い訳はいいから！　なぜ遅刻するの？　理由は？
Ｐ／Ａ：私の意識が低いので……。

店長が聞けば聞くほど言い訳がでてくるこじれる会話です。

III　こじれる会話をなくす

> ### こじれる会話６：値引から始まるこじれる会話

　こじれる会話は相手から仕掛けられることもあれば、自分から仕掛けていることもある。自分から無意識のうちに仕掛けている「こじれる会話」について考えていこう。

　仕事中に上司からお願いをされたとする。「来月の販売促進の企画書を作ってもらえるかな、いつまでに作れるかな？」そのときあなたはどう答えるだろうか。「わかりました、明日までに作成します」と答えるか、それとも「わかりました、明日までに作成しようと思います」と答えるかどちらだろうか。

　この２つの答えは一見同じように思えるが、よく見ると後者は最後の語尾に「〜と思います」がついている。ちょっとしたことだが、この一言（〜と思います）がこじれる会話を引き起こす。あなたの日常を思い返して欲しい。お願いされたときや何かに取り組もうとしているときにこのような「〜と思います」という言い方をしていないだろうか。

　「〜と思います」は無意識のうちに出る。これは「そんなこと言ったって今忙しいし、人もいないしできるわけがないよ。でも上司に言われたならなんとかしなければならないし……」といった心の中の想いや「できないけど言われたならばできると言わなければならないし……」という弱気な気持ちが無意識に言葉に表れているのだ。

　この答え方だと結局は「結果」が出ないことが多い。つまり、お願いされたことに対してそれを守らないわけだから、次から上司とのコミュニケーションにギャップが生じ、その結果こじれる会話になってしまう。期日が守れなかった場合、「じゃあ、いつまでならできるの」と上司に言われ、「明日までならなんとかできると思います」とまた答え、

「本当に明日までならできるの？　約束できるの？」といったようにこじれる会話になってしまうのだ。

　このようなこじれる会話の原因は相手にあるのではなく、自分自身にある。「〜と思います」以外にも「〜つもりです」「〜までにできると考えます」といった言葉を会話のなかで、あなた自身が発言していたならば要注意である。これはあなたの本来の能力を値引いているのだ。言い換えるならばあなた自身を安売りしているのである。

　先ほどの例でいうならば、本当にやり遂げる意識があるならば「明日までに作成します」という答えでよい。「作成しようと思います」や「作成するつもりです」と語尾に余計な言葉をはさむ必要はない。明日までに作成することができるあなた自身の力をあなたが自ら値引いている。余計な言葉を付け加えることによって「わたしには明日までに作る力はありません」と暗に安売りしてしまっているのだ。

　これを解消するためには簡単なことで答えるときに「〜と思います」「〜つもりです」「〜と考えます」を言わないことである。この些細なことでこじれる会話を防ぐことができる。

　「〜します」と言い切ると反対に行動まで変わってくる。期日を守るためにどうすれば良いのかと真剣に考え、考えることにより工夫し、知恵やアイデアが生まれるのだ。

　私達は真剣に物事を考えると、予想以上にさまざまな解決策が出てくる。まずはあなた自身が言葉に注意する、次にあなたがお願いをしたときに部下が同じように「〜と思います」などの言葉が出てきたときには「〜します」と言い換えさせることである。「〜します」と言い換えると相手の行動が変わる。そして言い返させたときに、相手が黙ってしまったり、間が空いてしまったりしたならば、心の中では「するつもりがなかった」ことなのだ。

Ⅲ　こじれる会話をなくす

　人は誰もが達成する力をもっているし、実行する力を持ている。私達にあるのは「できる、できない」ではなくて「やるか、やらないか」である。この気持ち1つがこじれる会話をなくすのである。

> 解決の鍵：語尾を言い切る。そして、相手に語尾を言い切らせること。

【事例】
上　司：店長お疲れさま。ちょっと前回話した目標の進ちょく状況を確認したいのだけど……。
店　長：はい、いいですよ。（ちょっと困った顔）
上　司：この前のアルバイトの募集についてなんだけど……。
店　長：（びっくりして）これからやるつもりです。
上　司：じゃあ、社員ミーティングの件は？
店　長：すぐにやるつもりです。
上　司：ではトレーニングの件は？　チラシの配布は？　会議の提出資料の件は？
店　長：（歯切れ悪く）トレーニングは来月までに。チラシは来週中に、資料は明日までには……。
上　司：（怒り気味に）もういい！　つもりですとか、思いますとか、いいかげんにしろ！

上司を怒らせるこじれる会話です。

こじれる会話7：言動不一致のこじれる会話

　人の会話は言葉だけではない。言葉だけですべてが事足りるのならば、こんなにコミュニケーションや人間関係が難しくなることはないだろう。声の大きさや身振り手振り、行動や態度といったことも相手にメッセージとして伝えてしまうことが多い。

　例えば、あなたが上司から「店長がんばってよ、期待しているぞ」と言われたとしよう。あなたの目を見て語りかけられるのと、メモをとりながら下を向いていわれるのでは大分印象が変わるのではないだろうか。下を向きながら言われたならば、この上司は本気で私に対して「期待しているぞ」と思っているのかと疑ってしまうことだろう。

　このようなことが店舗では日常茶飯事である。よく見かける光景が「うちのスタッフは笑顔が出ないのでトレーニングしているのですよ」と言っているので朝礼を見ると、店長が険しい顔で「なんで笑顔を出さないのだ。お客様が来たら笑顔を出せと言っているだろ」と檄を飛ばしている。実際に店舗の営業を見ると、その店長が一番厳しい顔をしているのだ。これでは悪い冗談である。

　言葉では「笑顔を出せ」と伝えながらも態度では「笑顔を出すな！」と伝えてしまっていることになる。人は言葉よりも行動に反応する。だからこの2つのメッセージを受けたときに、行動からのメッセージ「笑顔を出すな！」を受け取ってしまうのだ。

　同じように、ある店舗ではどうしてもスタッフの遅刻が直らないと嘆いている店長がいた。多くのスタッフが1分から5分遅刻してきたり、ぎりぎりで来て私服のままタイムカードを押したりしているのだ。店長が何度注意しても一向に直る気配がない、一人ひとり面接しても改善さ

れなかった。この件も同様であり、実は店長がいつも２分から５分遅刻してお店に来ていたのだ。

　店長に聞くと「昨日も遅くまで仕事していたので……最近休みがとれていないので……スタッフよりも長い時間働いているので……」などと答えが返ってきた。２分や３分なら遅れても大丈夫だろうと勝手に考えていたのだ。結局は店長が遅刻をしているからスタッフも遅刻をしていたのだ。

　店長の「遅刻するな！」という言葉ではなく、店長自ら遅刻することによってスタッフに「このお店は遅刻してもいいのだよ！」ということを伝えていたのである。

　このように私達は往々にして２つのメッセージを相手に伝えていることが多い。しかもその２つのメッセージはお互いに相反する内容である。**相手に伝わるのは言葉ではなく行動や態度である。**どんなに立派なことを言っても行動や態度が伴わなければ全く意味がない。

　うちのお店のスタッフはルールを守ってくれない、言ったことを聞いてくれないと言う前に、あなたがきちんとルールを守っているのか、行動しているのかを確認して欲しい。身だしなみが乱れているスタッフが多い店舗は店長も身だしなみが悪く、あいさつのできない店舗は店長があいさつをしていないことが多い。言ったことが伝わっていないのではなく、あなたの行動や態度を通してのメッセージは確実に伝わっているのだ。

　店舗スタッフの言動はあなたを映し出しているといっても過言ではない。言葉と行動や態度を一致させてこそ、こじれることなく相手にストレートに伝わる。言葉はうそをつけるが行動はうそをつけないのである。

> 解決の鍵：自分の行動を見直すこと。

【事例】

店　長：（だらしないかっこうで名札もつけていない）○○さんちょっと。なんで身だしなみがきちんとできないの？

Ｐ／Ａ（＝パート・アルバイト）：（若干乱れた格好で名札もつけていない）はい、すみません。

店　長：（だらしないかっこうで名札もつけていない）○○さんちょっと。昨日も言ったけどなんで身だしなみがきちんとできないの？

Ｐ／Ａ：（下を向きながら）すみません。

店　長：（とても怒りながら）○○さん、笑顔であいさつしてくれよ！基本的なこときちんとしろよ。

Ｐ／Ａ：（下を向きながら）はい……すみません。

Ｐ／Ａ：（ボソッと）店長がしていないのに、何でわたしばっかりしなければならないの？！

言っていることと行動が一致しないこじれる会話です。

Ⅲ　こじれる会話をなくす

> **こじれる会話8：思い込みが招く、こじれる会話**

　私たちは無意識に自分勝手な思い込みで会話をしたり、判断したりすることがある。例えば、探している書類がないときに、近くにいる人を真っ先に疑ってしまったり、お客様からクレームがあった時に過去に接客のクレームを受けたことのあるスタッフを最初に疑ってしまったりする。また、勝手にパート・アルバイトにできない仕事があると決め付けたり、これは店長がしなければならないと根拠もなく決め付けたりすることなど多岐にわたる。このようなことが往々にしてコミュニケーションを悪くし、こじれる会話を誘引する。

　「思い込み」は事実を正確に捉えていないから起きる。過去に1回起きたことが印象として強く残り、それが全てと思い込んでしまう。また、入社の時から先輩社員などから繰り返し言われたことを知らず知らずのうちに思い込んでしまう。「しょせんバイトだから……」と言ったり、バイトには仕事をお願いしない態度の先輩社員のもとでトレーニングされると自分ではそういうつもりはなくても、知らず知らずのうちに行動がパート・アルバイトと社員の仕事を分けていたり、ちょっとした時に「しょせんバイトだから……」といった発言が出てしまうことになる。

　また、自分自身の都合の良いように解釈を変えてしまうこともある。「こうだといいな」と思った内容に頭の中で都合よく思い込んでしまうのだ。

　これらを改善するのは店長として常に「冷静」な頭を持っていることである。「冷静」さを失うとチョットした刺激に反応してしまい、「思い込み」による間違った判断を下してしまう。

　「思い込み」の問題点は「事実」と異なることである。事実と違うか

らそこにコミュニケーションのギャップが生まれ、結果として人間関係を崩してしまうことになる。そのため「店長は自分の決め付けで仕事をしている」「事実をまともに見ていない」「私達のことを理解しようとしていない」と感じさせてしまうのだ。

　思い込みをなくすために一番大切なことは「事実を確認する」ことである。そのためには、そう考えた・判断した「根拠・理由を明確にする」ことである。できれば、その際には書面にすることである。書くことは人間の頭を冷静にさせ、根拠や理由のなさに気付ける。

　例えば「精算業務」は社員がしなければならないということで考えてみよう。なぜ「社員」なのかと考えると「お金を扱う」から、「パート・アルバイトは責任感がない」から、「そこまで仕事をさせるとパート・アルバイトが辞めそうだから」など、いくつかあがってくるだろう。ところがどれもよく見てみると根拠のないものである。お金を扱うからはレジでのやりとりでお金を扱うパート・アルバイトもいるだろうし、責任感は社員よりも持っている人がいることだろう。それにそこまで仕事をさせると辞めそうだからというのも、よく考えると本当かどうかわからないことである。

　このように書いてみると「思い込み」に気付くことができる。また書くことのできない忙しい場面の時には、背筋を伸ばすことや深呼吸をした後に話をしたりして判断することをお勧めする。それだけでも冷静な頭を取り戻し、思い込みをなくすことができる。あなたの思い込みがコミュニケーションを悪くするだけではなく、他のスタッフにも事実と異なったことを「思い込ませる」ことになるのだ。

　そして、あなたと一緒に仕事をする人の「思い込み」ある発言にも注意が必要である。あなたのもとには報告・連絡・相談という形で日々さまざまな情報が入ってくることだろう。その情報が果たして「事実」な

III　こじれる会話をなくす

のかそれとも「思い込み」なのかを判断するために、「そう考えた根拠は？」「そう考えた理由は？」と聞いたり、報告の形を「いつ」「誰が」「どのようにして」など具体的に質問したりすることが必要である。

　「思い込み」は日常の仕事の中で頻繁に現れる。それは本人の意思に関係ない。「思い込み」のない店舗にしていくことは店長が人間関係をうまくいかせるため、また仕事を円滑にするために必要なことである。

> 解決の鍵：事実のみを見ること。

【事例】

店　　長：○○さんここにあった書類が無いのだけど……。

Ｐ／Ａ（＝パート・アルバイト）：えっ！　私、知りませんよ。

店　　長：おかしいなぁ、事務所にいたのは君だけだよ。机の上いじったでしょう！

Ｐ／Ａ：なんで私なんですか？　ただ、いただけなのに。

店　　長：（とても怒りながら）だって、いたのは君だけだし。俺は現場にいて全くいじっていないし、それに君は以前にも……（あーだ、こーだとまくし立てる）。

Ｐ／Ａ：そんなに言われても私いじっていないものはいじってません。

副店長：（事務所に入ってくる片手に書類を持っている）あっ！　店長お疲れ様です。書類読みましたよ。

店　　長：あっ！　その書類は？　探していたものだ。

Ｐ／Ａ：（憮然としながら）……。

事実を見ずに思い込みが招くこじれる会話です。

> ## こじれる会話９：否定が招く、こじれる会話

　あなたが前向きにお店を良くしようと考えて数々の提案をしたとする。上司が全て否定したらどうなるだろうか。
「笑顔コンテストをしたいのですが……」
「うちではムリムリ、誰もやりたがらないよ」
「では皆の笑顔の写真を貼りましょう！」
「誰も映りたがらないよ」
「では、笑顔で接することの良さを伝えましょう！」
「そんなことやるだけムダにきまっているよ」
　これでは全くやる気にならないだろう。「否定」は何も進展しないばかりか、こじれる会話を招く。
　まずはあなた自身が安易に「否定」をしていないかどうか確認することが第一歩である。人のことはよく見えるが、自分のことは見えていないことが多い。まずは自分自身が「否定」をしていないかどうかを振り返って欲しい。
　まずは安易に「否定」をしない。そして、仮に相手の話を「否定」をするなら、必ず「代案」を出すことを意識することだ。「否定」は誰でもできる。「代案」を出せるかどうかがあなたのコミュニケーションに関する腕の見せ所である。逆に言うと「代案」がない場合には否定はしないぐらいの心構えが必要である。
　次に、部下が「否定」を好む場合がある。こちらからの「提案」や「行っていくこと」に対して常に否定的な場合である。この場合、あなたが怒って感情的になってしまったならば負けである。
　相手は無意識のうちにあなたを怒らせようと考えているのだ。この

「否定」ばかりする人は1つの信号をあなたに発していると捉えて欲しい。つまり、もっとあなたに話しかけられたい（＝コミュニケーションをとって欲しい）ことをアピールしているのだ。そして、さらに言うならば、あなたに認められたいということを伝えている。あなたに話しかけて欲しい、認めて欲しいと直接言えないからこそ、あなたに違った手段（つまり否定すること）で話が続くように仕掛けているのだ。

　あなたの言ったことに対して相手が否定を続けることが多いスタッフがいるなら、あなたから積極的に話しかけることだ。

　また、否定してくるスタッフは新人ではなくベテランであることが多い。新人は覚えなければならないことが多く、自分の中で目標を立て（今日は何を覚えるかを決めて）取り組み、達成すれば自分で自分によくできたと心の中で認めたり、他の人から認められたりするため比較的コミュニケーションや認められる機会が多いので、こじれる会話にはなりにくい。

　それに対して、目標を持たずに漫然とお店の営業をすることが多いベテランのスタッフの場合は、認められることも少なく、コミュニケーションが不足することになる。結果として店長や社員であるあなたに対して「否定」で答えることにより、からんできたりするのだ。

　だから、店舗でできるだけコミュニケーションの取れる仕組みを作ることだ。1つはベテランスタッフを含めて、全員で目標を立てて欲しい。難しい項目でなくてよい。「今月は積極的にあいさつをします」や「今月は事務所掃除を週1日行う」などの簡単な目標を1つでよいので出してもらって事務所などに貼り出す。そして、あなた自身が常にスタッフの目標に対してのフィードバックを積極的に行うようにするだけでもこじれる会話はなくなってくる。また、ミーティングやレクレーションを定期的（1ヶ月に1回や3ヶ月に1回）に確実に行うなども1つの方法

である。

　「否定」をするということは、あなたの意見に本当に反対なのではなく、もっとコミュニケーションを取って欲しいというスタッフからの信号であることを忘れないで欲しい。否定する人ほど積極的に話しかけることである。

> 解決の鍵：コミュニケーションの時間を増やすこと。目標をもたせること。

【内容】

P／A（＝パート・アルバイト）：店長！　お店の入り口に黒板を置いて新商品をアピールしたいのですが！
店　長：だめだめ。どうせやってもどうなるかわかっているよ。
P／A：じゃあビラ配りをしましょうよ！
店　長：やるだけムダムダ！
P／A：お客様のアンケートを実施して声を聞きませんか？
店　長：ムリムリ誰も答えてくれないよ！
P／A：(怒りながら) 店長はなんでそんな否定ばかりするのですか！
店　長：そんなに怒っても何も変わらないよ！

全てを否定することでおこるこじれる会話です。

こじれる会話10：事実と感情の混じった、こじれる会話

　自分ではそんなつもりもないのに、いつのまにか間違って伝わっていることがある。よくあるのは、パート・アルバイトが言ってきたことに「うん、うん」と頷いていたら勝手に自分の意見に同意したと感じ「店長もそう言っていたよ」とか「店長も私と同じように感じているみたいよ」と周りに吹聴してしまうことである。これでは店長としてやるせない。自分が思ったことと違うことが相手に伝わってしまう。これは相手の事実と意見両方の同意しているからおきることなのだ。

　相手の話に耳を傾けることは非常に大切なことである。そして、相手の意見を頭ごなしに否定せず、受け入れることも重要である。だが、その時に注意が必要である。

　例えば、「○○さんは、店長がいない日にはいつも遅刻する裏表のある人ですよ」と言われたとする。この時には「○○さんは、私がいないときに遅刻したことがあるんだね」と返すことだ。「いつも遅刻する」は相手の感情が交じっている。いつもかどうかきちんと事実を確認することだ。同様に「裏表のある人」も報告した人が「裏表がある」と感じていることであり、事実がどうかわからない。決してここには同意しないことだ。感情に同意すると間違った解釈で伝わってしまうのだ。

　「店長、副店長は店長がいないところではさぼっているのですよ」と言われたとする。この場合には全てが感情である。さぼっているとはどういうことなのか、曖昧であり事実とはいえない。この場合には「さぼっているとは具体的にどういうこと？」と質問し、事実を確認することだ。

　店長として大切なのは人の言葉を鵜呑みにせずに事実をきちんと追っていくことである。上に立てば立つほどこれが大切になる。**事実を把握**

し、事実に同意する。これを実践することで曲解されることは少なくなる。

ただし、一番のポイントはあなた自身がスタッフ全員ときちんと会話をしている、つまりコミュニケーションがとれていることである。そして、裏で人の悪口や陰口をたたかないことである。この２つができていなければ、あなたの真意は常に曲がった状態で相手に伝わるだろう。

> 解決の鍵：言われたことにすぐ同調せず、必ず事実を確認すること。

【事例】

P／A（＝パート・アルバイト）：店長、○○さんは掃除をしていないのにしたって嘘をつく人なのですよ。

店　　長：（うなづきながら）○○さんは嘘つきなんだね。

・・・次の日

P／A：店長、△△さんは仕事が遅くてだめな人なんですよ。

店　　長：（うなづきながら）△△さんはだめなのか……。

店長のところに○○さんと△△さんが来て問い詰める。

○　○：店長、わたしが嘘つきっていったんですね！

△　△：私はダメな人なんですね。

店　　長：（驚きながら）えっ！　（困りながら）なんでこうなるの！

事実を確認せずに同意をしてこじれる会話です。

Ⅲ　こじれる会話をなくす

《まとめ》

　店舗で起こりうるこじれる会話をみてきた。こじれる会話は結果（売上・客数）のでている時はあまり起こらない。やることがたくさんあり、周りの人にこじれる会話をしている時間がないからだ。

　ちょっと落ち着いて時間ができると普段人間関係がうまく作れない人や会話が少ない人が関係を求めてこじれる会話を仕掛けてくる。こじれる会話にのっても何も解決しない。こじれる会話を仕掛けられたらやめることだ。

　また、こじれる会話をなくすためにあなたが店舗内で皆に積極的に話し掛けることである。会話の機会を増やせばこじれる会話は少なくなる。こじれる会話が少なくなると店舗での人間関係がつくれ、店舗内が活性化し、結果（売上）にもつながり、それが店舗内を活性化し良い人間関係がつくれると良い循環をしていくのだ。

《ポイント》

1　こじれる会話を理解する
　　こじれる会話は生産性のない結果のでない会話である。このことにあなた自身が気付くこと。会話を延々としても意味がない。まずはこじれる会話を理解することだ。

2　こじれる会話をやめる
　　こじれる会話が始まったならばやめることを意識する。ついつい話にのってしまいがちだが、結果がでない。このことを十分に理解し、こじれる会話が始まったならすぐにやめること。また、あなた自身がこじれる会話をしていないかにも注意すること。

3　こじれる会話をなくす
　　こじれる会話の根本をたたくこと。そのためにも会話のある環境をつくる。会話ができないからこじれる会話をしてくるの。話をする機会、場所、環境をつくろう。特にあなたから積極的に話し掛けることだ。

Ⅳ　すぐに使える
　　コミュニケーションツール

〜簡単に使え、結果の出るツール集〜

8 簡単に作れすぐに使える コミュニケーションツール 「ツールを使って良い人間関係を築く」

《基本的な考え方》

　仕事がうまくいかない、お客様が来ない、売上が上がらないと無意識に自分や周りのダメな点、できていない点に目がいってしまったり内にひきこもってしまったりしがちである。ところができていない所を指摘しても何も解決しないし、コミュニケーションそのものをとらなくなれば店舗の雰囲気も悪くなる。このような状況の時こそ皆が積極的にコミュニケーションをとれる環境を作ることだ。そのひとつとしてツールを活用しよう。

【コミュニケーションツール】

　コミュニケーションの環境を作ろうという気持ちだけあってもなかなか作れない。作るためにちょっとした道具（ツール）を使ってみよう。これから見ていくツール類はとても単純で簡単なものだが使ってみると効果があることに気付くだろう。一通り見て自分のお店に合ったツールを使ってみよう。

8 簡単に作れすぐに使えるコミュニケーションツール

> すぐに使える簡単ツール①:サンキューカード
> 「認めていることを伝えよう!」

目的(何のために)
　◇モチベーションアップ
メリット(得られること)
　◇店長とスタッフの人間関係の向上
　◇スタッフのモチベーションアップ

　多くのスタッフにやる気をもってもらうことの第一歩は「ほめる＝認める」ことです。ほめられた＝認められて、やる気の起きたスタッフは仕事に集中して取り組んだり仕事をテキパキおこなったり積極的に仕事に取り組みます。
　しかし、心の中では「ほめよう」「認めよう」と思いながらも声に出すことが難しいことはないでしょうか。どこか照れくさかったり、ほめた後で「店長、何を言っているのですか」と言われたりしたら困るなぁと考えるとなかなか言葉に出せないものです。
　心の中で思っていても相手に伝えなければ(伝わらなければ)意味がありません。そのときにはこの「サンキューカード」を使ってみましょう。この「サンキューカード」を持ち歩き、スタッフに対して「あなたが良かった」と思ったことをその場で書き込んでスタッフ本人に渡すものです。
　「サンキューカード」をあなた自身が持ち歩き、出席しているスタッフ一人ひとりに毎日1枚以上渡すのです(図表34)。
　内容は「『笑顔で接客』してくれてありがとう」「『入り口を掃除』してくれてありがとう」「『休憩室を整理』してくれてありがとう」といったことを記入して笑顔で渡していくのです。不思議と「書いて」「渡す」のは照れくさくないものです。

Ⅳ　すぐに使えるコミュニケーションツール

図表34　サンキューカードの例

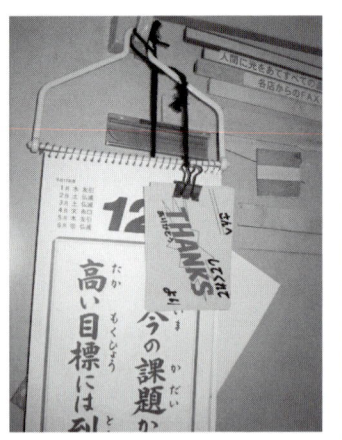

　期間としては最初1ヶ月はチャレンジしてください。1ヶ月後には自分の思った以上にスタッフの良いところや仕事を観察している自分に気付くことでしょう。すると自然と「スタッフをほめる＝認める」ことができるようになります。間違っても「うちのスタッフはほめるところがない」ということがなくなります。ほめるところがないのではなく、ほめるところを見つけていないだけなのです。

　あなたの部下で「ほめる」ことが苦手な人にも渡してチャレンジしてください。1ヶ月後には驚くほど変わるでしょう。店長・社員がほめることを習慣にすることにより、店舗がやる気に満ち溢れた環境にすることができるのです。

　「サンキューカード」にチャレンジした後に自分自身に「ほめることは好きですか」と聞いてみましょう。

8 簡単に作れすぐに使えるコミュニケーションツール

《ポイント》

1　良いところを見つける

　誰にでも良いところはあるものです。良いところがないと感じるのはあなたが良いところを見つける努力をしていないからです。

2　相手に伝える

　心の中で思っていても相手には伝わりません。思ったこと感じたことは素直に伝えましょう。伝え方は「会話」だけでなく「紙」にしても良いのです。

Ⅳ　すぐに使えるコミュニケーションツール

> すぐに使える簡単ツール②：ハローチケット
> ## 「前向きな店舗を全員でつくる」

目的（何のために）
　◇モチベーションアップ
メリット（得られること）
　◇店舗の活性化
　◇人間関係の向上

　良い点を認められて嫌な思いをする人はいないでしょう。むしろ、良い点を認めてもらえたならば積極的に継続して取り組むようになります。
　ところが、私たちは相手の良い点を見つけようと思いながらも、できていない点や改善して欲しい点を指摘しがちです。それはお店を良くしようという思いが強ければ強いほどできていないところに気付いてしまうからです。
　お店を良くする方法には大きく２つあります。１つはできていないところを改善する、もう１つはできている点（＝良い点）を積極的に伸ばすことです。このできている点を積極的に伸ばす方法についてみていきましょう。
　その方法の１つは「ハローチケット」というものです（図表35）。これは、店舗での良い行動をお互いにほめあう（＝認め合う）環境をつくるための道具です。名刺サイズのカード（＝ハローチケット）に、スタッフの模範となる行動やちょっとした改善活動を実施した人に対して、気付いた人が書いて渡すというものです。
　ハローチケットは店舗スタッフ全員（店長も含めて）が持っています。（一人50枚ぐらいがよいでしょう）。パート・アルバイトは「黄色」、社員・副店長は「緑」、店長は「赤」とカードの色を分けて持つのです。そして、出勤した日に最低でも１枚以上、気付いたことを書いて渡します。もらった人はボードにチケットを掲示するのです。

8　簡単に作れすぐに使えるコミュニケーションツール

図表35　ハローチケット

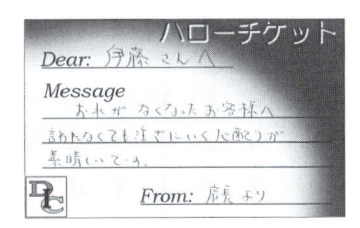

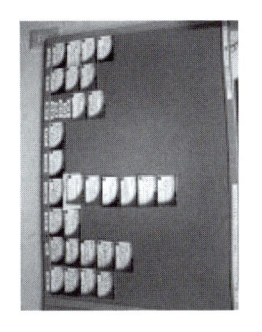

【注意点】
店長・リーダーから率先して渡しましょう。
そして、ハローチケットを実際に店舗で取り組むときには「なぜ」行うのかという考え方と目的もきちんと伝えると効果がより上がります。

　1週間ごとにカード取得者を朝礼等で皆の前でほめます。そして、1ヶ月後に最大取得者と一番多くカードを渡した人（＝良い点に気付いた人）を表彰します。こうしてカードを渡される＝認められることによりモチベーションがアップし、良い点を継続して実施するようになります。また、掲示することにより他のスタッフもどうすれば認められるのかがわかり他の人の良い行動を真似ていくのです。こうすることによって前向きな環境、つまり皆が良い行動をとる環境をつくることができるのです。
　カードを渡すことを習慣づけることで、他の人の良い点に気付くことがで

きるようになり、ハローチケットをやめてもお互い良い点を認め相手に伝えることができるようになります。

　たった１枚のカードで店舗を前向きな環境にすることができます。売上が伸び悩むと店舗も沈みがちです。その際にはぜひ活用してください。

　新人スタッフが入った時にも効果的です。ベテランのスタッフと会話のきっかけが作られ、いきなりベテランスタッフから認められる（＝カードを渡される）ので早期離職を防ぐこともできます。できれば社長をはじめとする経営層や部長・課長・スーパーバイザーにももってもらい店舗に来られたときに渡してもらうとより一層このカードの効果が発揮されます。

《ポイント》

1　コミュニケーションをとる

　店舗が暗くなるのはコミュニケーションが少ないからです。特にベテランスタッフと新人スタッフとの間でコミュニケーションがないと壁ができます。コミュニケーションのきっかけをつくりましょう。

2　認めることを習慣にする

　最初はハローチケットを使って良い点に気付き相手に伝えるという行動も、繰り返すことにより習慣になります。するとチケットに頼らずとも自然と良い点を伝え合う行動をとるようになります。店舗の多くの人が認め合えばそれが店舗の文化となり、新しいスタッフが入っても自然と認めあうようになるのです。

> すぐに使える簡単ツール③：ナイスボード
> **「できていないことをできるようにする」**

目的（何のために）
　◇モチベーションアップ
メリット（得られること）
　◇できている人のできていることの継続
　◇できていない人ができるようになる

　店舗運営をしていると、当たり前のことが当たり前にできていないことがよくあります。そのときに皆さんはどうしますか。注意する、指摘するのが大半ではないでしょうか。

　しかし、注意しても指摘してもなかなか変わらず、いらいらしてしまうことはないでしょうか。自分がこんなに言っているのに何で変わらないのか、と思い、変わるまで言い続けよう、変わるまで考えようと言ってもなかなか変わらないことが多いのです。

　そんな時には視点を変えてみましょう。「できていない人やこと」を「できるようにする」のではなく、「できている人やこと」を伸ばしていくのです。そのことを実現するのが「ナイスボード」です（図表36）。

　これは、できている人やできていることを皆が見えるように掲示するものです。写真の事例の場合、この店舗は大変レジの過不足や打ち間違いに悩まされてきました。いくら、過不足に注意しなさい、打ち間違いに注意しなさいといってもほとんど改善されません。最後は過不足の多い人を貼り出しましたが逆効果で過不足は変わらないばかりか、貼り出された人が辞めてしまうといったことも起こりました。

　そこで、反対に過不足がない、または少ない人を貼り出してほめるようにしたのです。すると、今までがウソのように過不足が少なくなりました。人

Ⅳ　すぐに使えるコミュニケーションツール

図表36　ナイスボード

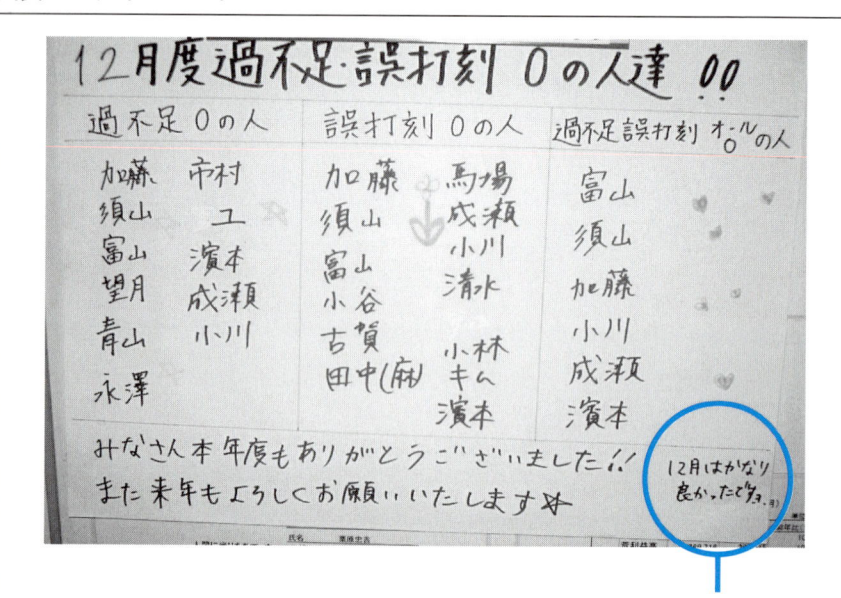

> 12月度過不足・誤打刻 0の人達
>
> | 過不足0の人 | 誤打刻0の人 | 過不足誤打刻オールの人 |
> |---|---|---|
> | 加藤　市村
須山　工
富山　濱本
望月　成瀬
青山　小川
永澤 | 加藤　馬場
須山　成瀬
富山　小川
小谷　清水
古賀
田中(麻)　小林
　　　　キム
　　　　濱本 | 富山
須山
加藤
小川
成瀬
濱本 |
>
> みなさん本年度もありがとうございました！！
> また来年もよろしくお願いいたします☆
>
> （12月はかなり良かったです。）← 店長からの一言も効果的です！

【注意点】
できている人をほめたあと、「それに比べて○○さんはなぜできないんだ」と言ったことは絶対に口に出さないことです。
せっかく「ほめる＝認める」環境が、否定することによって消されてしまいます。

によっては3ヶ月間「過不足なし、打ち間違いなし」という人まで出てきたのです。そして、その人たちにつられて、過不足なしの人が他にも出てくるようになりました。

「ナイスボード」は単純で、今改善したいことで、実際にできている人を貼り出すだけです。例えば遅刻が多いのであれば、遅刻する人を注意するのではなく、無遅刻の人をナイスボードに貼り出し、朝礼等でほめるのです。

同様にうちのお店は「お客様へのあいさつがない」と感じるのであれば、あいさつを徹底している人を「ナイスボード」に掲示するのです。このように、この「ナイスボード」は思った以上に効果を発揮します。

できていないことを責めるのではなく、できていることを伸ばす。単純なことですが、この発想の転換が大きな効果を発揮します。できている人を貼り出すとそこに「前向きな会話（どうすればできるようになるのだろう！）」が発生します。

　できていない人を貼り出すと、そこには「後ろ向きな会話（こんなに忙しければできなくて当然だよ！）」が発生します。この違いは大きいのです。店長は貼り出すだけでなく、必ず朝礼やミーティング等で皆の前で「ほめる」ことも実践して下さい。いままでできなかったことができるようになるのです。

《ポイント》

1　できている人やことを皆に伝える

　　できていないことを指摘しても、何も変わりません。後ろ向きになるだけです。できている人やできていることを皆に伝えることによって、できている人がよりできるように、できていない人がそれにつられてできるようにするのがポイントです。

2　皆の前でほめる

　　できている人をただ、貼り出すだけでは不十分です。言葉にして伝えることが重要です。積極的に朝礼やミーティング等皆の前でほめることが大切です。

Ⅳ　すぐに使えるコミュニケーションツール

> すぐに使える簡単ツール④：グッジョブカード
> **「トレーニング後の評価でモチベーションアップ」**

目的（何のために）
　◇モチベーションアップ
メリット（得られること）
　◇生産性の向上
　◇評価によるモチベーションアップ

　店長であるあなたに求められるものはやはり結果です。結果というと「売上と利益」であり、そのためにいかにスタッフの生産性を上げていくかが大切なことのひとつです。スタッフのモチベーションを上げながら生産性も上げるには、きちんとトレーニングを実施すること、そしてトレーニング後に評価をすることです。

　評価といっても難しいことではなく、教えたことを実際にやってもらって、その結果がどうなのかを相手に伝えることです。この評価をしていないことが多いのです。

　評価をしないと、行ったことがよかったのか、またはどこを改善したらよいのかが分からず、やる気もなくなり、仕事を覚えようという気持ちもなくなってしまいます。

　人は認められるとやる気が起こります。「認める行為＝評価」を毎回行っていくことが大切なのです。この「グッジョブカード」はこの評価を毎回行うきっかけ作りです（図表37）。

　「グッジョブカード」は名刺サイズの紙にし、店長をはじめトレーナーが持っていて、新たな仕事を教えたときに、その日の最後にカードを渡します。内容は教えたことに対しての取り組みができていてもできていなくても、どうであったかということを書いて渡すのです。こうすることによってできて

8 簡単に作れすぐに使えるコミュニケーションツール

図表37　グッジョブカード

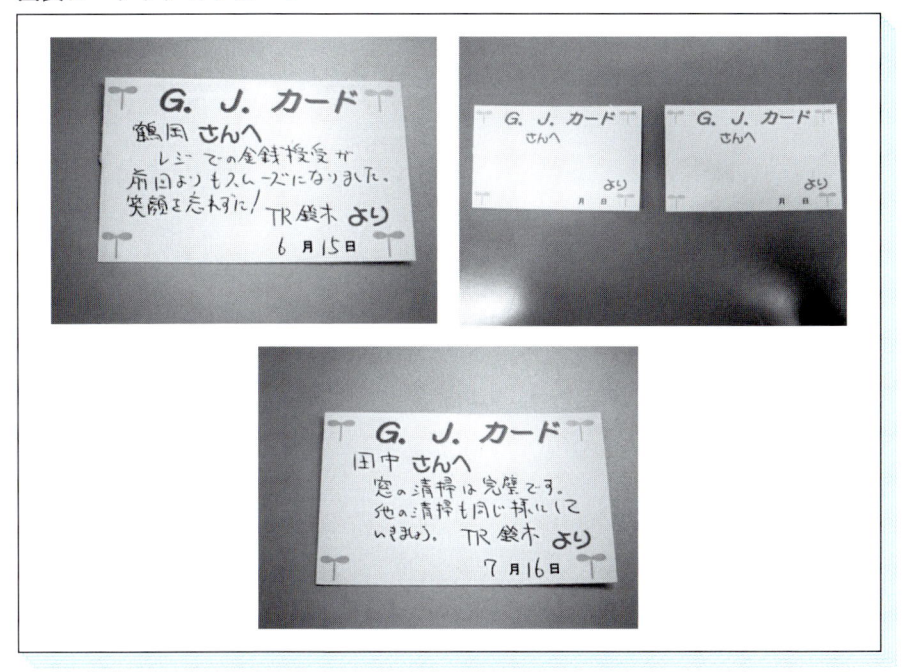

　いれば新たなことにチャレンジしようという気持ちが生まれ、できていなければそこを改善しようという気持ちになります。

　いずれにせよ一歩前に進むのです。教えたことに対しての評価をすることが1つ。そして、評価も口だけでなくこの「グッジョブカード」を通して書面にも残すことによってより相手に伝わるのです。できればトレーニング計画と連動させて「グッジョブカード」を渡したなら次に何を覚えて欲しいのかをその場で伝えられるとさらに効果的です。

　決してしてはいけないことは、トレーニングでは教えてもそのあと評価せずに放っておくことです。これだけはやめましょう。トレーニングをしたならば評価をする。この癖付けのためにトレーナーはこの「グッジョブカード」を活用してください。

Ⅳ　すぐに使えるコミュニケーションツール

《ポイント》

1　トレーニング後は評価する

　教えたあとにそのままにしてしまう、またはできていないところのみを指摘するのでは、スタッフのやる気を維持することはできません。また、新しい仕事を覚えようとする意欲もなくなってしまいます。トレーニング後に口で伝えるだけでなくこのカードを渡すことによって評価＝認める行為を毎回実施する癖をつけましょう。

2　内容は具体的にする

　良かった、悪かったでは相手に伝わりません。良かったならば何が良かったのかを改善すべき点は何を改善すればよいのかを具体的に伝えましょう。また、ちょっとしたポイント（気にしなければならないこと）も書くとより効果的です。

すぐに使える簡単ツール⑤：理念ボード
「店舗の目標と個人目標をひとつにする」

目的（何のために）
　◇店舗目標の達成

メリット（得られること）
　◇店舗目標を達成することができる
　◇一人ひとりのやる気をアップすることができる

　目標を持って取り組むことは大切なことです。スタッフ一人ひとりが取り組むべき目標をもって進めば店舗をより活性化することができます。
　そして、次の段階は店舗の向かうべき方向と各自の目標を同じ方向にすることです。各自バラバラに目標を設定するよりも店舗目標と合致した方向で進めるのが大切になってきます。店舗と各自の目標を同じ方向にする「理念ボード」です（図表38）。
　このボードはまず店長が店舗の目標を掲げます。店長がどのようなお店にしたいのかを目標にします。「今月の売上600万円達成！」とか「地域で接客の良い店舗」や「トレーニング強化」など、どうしたいのかを決めていきます。その時々の伸ばしたい点や改善したい点を目標に掲げるとよいでしょう。そして次にその店舗目標を達成するために各自どんなことで協力できるかを各自の個人目標にします。この個人目標はより具体的な内容にします。
　例えば「接客をよくする」ではなく、「お店に来られたお客様全員にあいさつをする」や「お水が空になっているお客様に率先して注ぎにいく」など、より行動に移しやすいものにします。そして、この個人目標は理念ボードに掲げます。
　個人目標は折りあるごとに店長や社員が掲げたスタッフに現在の状況はどうかと聞き、意識させることです。できるだけ、目標に対して今日はどうだっ

Ⅳ　すぐに使えるコミュニケーションツール

図表38　理念ボード

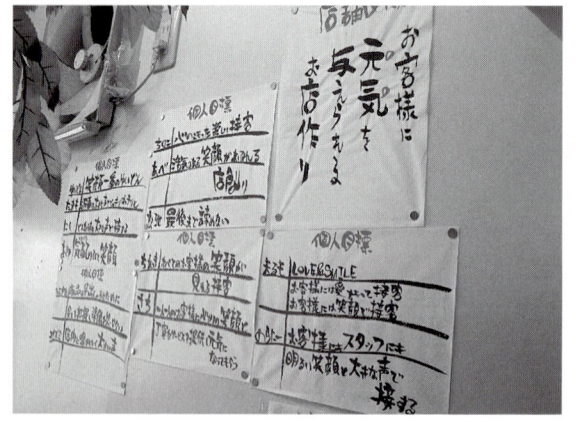

たかを聞き、またそれぞれの店長・社員から簡単な評価をしてあげると良いでしょう。

また、あなたの店舗の在籍スタッフ数が多いならば、朝と夜とに分けて、それぞれリーダーを作り、そのリーダーに店舗目標と連動した目標を作ってもらい、さらに個人目標をリーダーの作った目標に沿った内容にするというのもひとつの方法です。

個人目標が達成されればそれぞれのリーダーの掲げた目標が達成され、その結果、店舗目標が達成されるということになります。店舗目標を掲げても各個人にすれば漠然としていて何をすればよいのかがわかりにくいことがあります。できるだけ細分化した目標設定をすることが大切です。

《ポイント》

1　店舗の目標に連動した個人目標にする

　　各自の目標は店舗の目標と連動したものにします。すると、一人ひとりの個人目標が達成されると店舗目標が達成されます。個人の目標と店舗の目標を別々にしてしまうとなかなか店舗目標は達成されないでしょう。

2　個人目標は各個人に合わせた具体的な内容にする

　　個人の目標はできるだけ具体的な内容にします。最初は店長が一人ひとりの目標を見てアドバイスをするとよいでしょう。抽象的な目標やその人の能力（＝知識＋経験）を大きく越えた目標では達成されにくくなります。最初の段階で目標を掲げても達成されないと本人に感じさせたならば次からの目標設定への意欲が失われてしまいます。

> すぐに使える簡単ツール⑥：コミュニケーションボード
> 「情報を共有し、意思統一をはかる」

目的（何のために）
　◇情報共有
メリット（得られること）
　◇情報の共有ができる
　◇意思統一ができる

　店舗で売上アップや店舗レベル向上について考えているならば、それを皆に伝えなければなりません。あなた一人が頑張っても意味がないのです。店舗スタッフ全員に伝えたい時に活用したいのがコミュニケーションボードです（図表39）。これは単純にスタッフに伝えたいこと全てを1枚のボード（または壁の一箇所）にまとめるというものです。

　スタッフに伝えたいことは今でも壁に貼り出したり、口頭で伝えたりしているかも知れません。ところがその貼り出している場所がさまざまなところにあると、結局は目に入らなくなってしまいます。また、口頭だけだと言った言わないになってしまいます。常にスタッフの目に止まるようにすることです。そのために1ヶ所にまとめましょう。

　ここには「店舗目標」「売上アップ（販促）」「経費コントロール」「本部からの連絡」「トレーニングに関して」「採用状況」といったことを全て載せることがポイントです。1ヶ所にまとめることで常にスタッフが出勤したときにわかるのです。

　コミュニケーションボードは目につくようにし、さらに口頭で伝えることで店舗で実施すること（したいこと）が伝わりやすくなります。あなたがどんなに頑張っても、また伝えているつもりでも一人ひとりに行き渡らなければ意味がないのです。

8　簡単に作れすぐに使えるコミュニケーションツール

図表39　コミュニケーションボード

- 今月の目標をスタッフに知らせる事で参加意識を出します。
- 「新人スタッフ紹介」では、新人スタッフが店舗に早く馴染めるようにするために記載します。
- 事件・事故・苦情を未然に防ぐためにスタッフへ正しい知識・情報を知らせます。
- 新企画の案内、マニュアル変更　販売促進企画の案内経費コントロールの実施項目をスタッフへ連絡します。
- 「その他」では、スタッフ募集・行事、歓送迎会、業務指示などをスタッフへ連絡します。

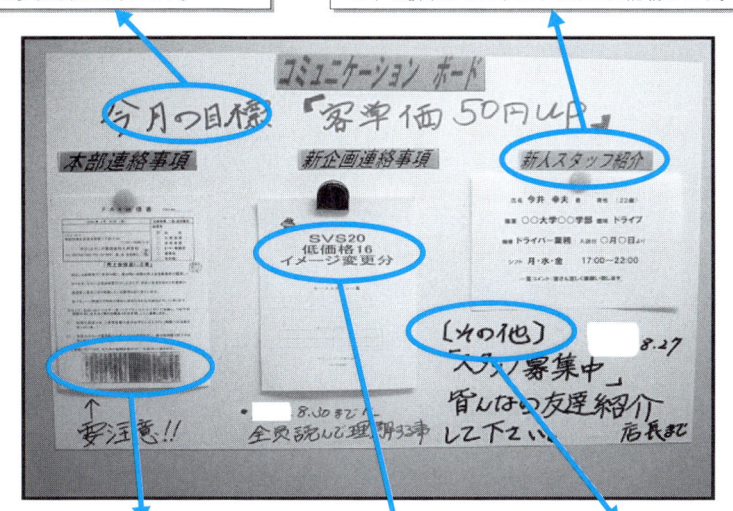

お客様向けへの応用もできます。

Ⅳ　すぐに使えるコミュニケーションツール

　とても単純なことですが効果のあるコミュニケーションボードをぜひ活用してください。より目につきやすくするためには、常に新しい情報に更新していくことです。

《ポイント》

1　1ヶ所にまとめる

　さまざまな箇所に点在するとそれだけで見なくなってしまいます。1ヶ所にまとめて情報を伝わりやすくします。ホワイトボードでも構いませんし、休憩室・事務室の壁でも構いません。場所を決めましょう。

2　常に最新の情報にする

　実施して時間が経つとついつい古い情報が残っていることが起こります。常に最新の情報にし、古い情報はなくしていくことです。いつまでも昔の情報があるようでは、誰も見なくなります。

すぐに使える簡単ツール⑦：フィードバックカード
「気付きをうながし改善する」

目的（何のために）
　◇モチベーションアップ

メリット（得られること）
　◇良い点の継続ができる
　◇改善点の改善ができる

　スタッフに限らず、自分が行ったことに対して何かしらの評価（反応）があると嬉しく感じます。まったくの無反応であればやる気も失せてしまいますし、次に何かチャレンジしてみようという気持ちにもなりにくいものです。
　この「フィードバックカード」は行動や実行したことに対してこちら側から評価（反応）するカードです（図表40）。
　活用法はトレーニングが終了した段階で今回の「機会点」＝良かった点を継続して続けて欲しい点と提案＝もっとこうすればさらに良くなることを書いて相手に渡すというものです。
　渡す際には必ず口頭で伝えてから、記入したカードを渡すようにします。こうすることで、今回自分の良かった点と改善する点を把握することができるのです。もらった方はこれからどうしていけば良いのかがわかるので次の行動につながり、結果的に早く人を育てることができるのです。
　また、店舗ミーティングの際にもこの「フィードバックカード」は効果的です。一人ずつに今月の目標を立ててもらい、その結果どうだったのかを次のミーティングで一人ずつ発表してもらいます。そのときに、参加者全員がこのフィードバックカードに書いて渡すのです。すると、もらった方としては行動しての機会点を通して認められたと感じることができ、また提案を通

Ⅳ　すぐに使えるコミュニケーションツール

図表40　フィードバックカード

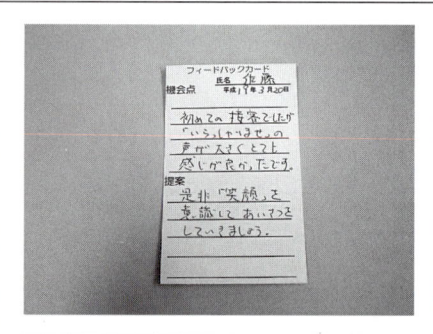

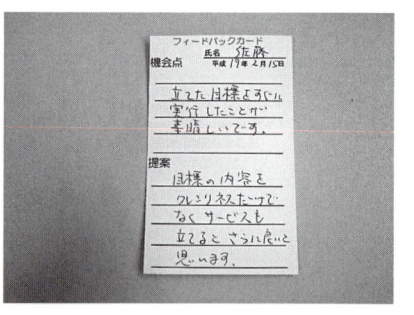

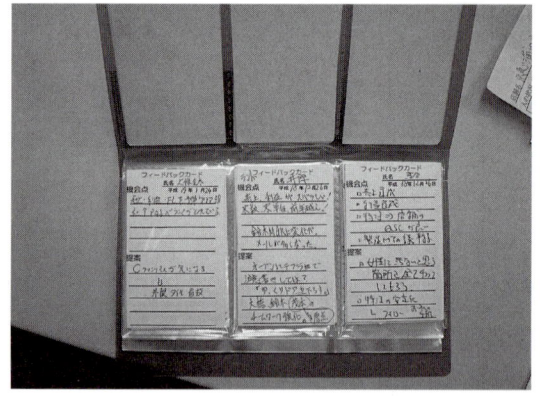

ファイルを購入し各自からもらったフィードバックカードをまとめておくと、後で読み返すことができ行動することの手助けになります。

して今後どうしていけばさらに良くなるかがわかるのです。

　書いて渡す方は相手の良い点を見つける力と提案する力が知らず知らずのうちに身につくのです。

　この「フィードバックカード」はさまざまな場面で活用することができます。ぜひいろいろと試してください。ただし大切なのは継続することです。

《ポイント》

1　実行したことに反応する

　パート・アルバイトをはじめ誰かが何かをした際には必ず反応するようにします。行動したことに対して何かしらの反応があるととても嬉しいものです。反応があるから次も新たなことに取り組もうとか今やっていることをさらに良くしていこうという気持ちになるのです。

2　癖付けにする

　相手の良い点を伝えるのと提案してあげることは役職を問わず、またさまざまな場面で必要になります。ぜひこの「フィードバックカード」を最初の一歩として良い点を伝えるのと提案する癖をつけてください。あなた自身も大きく成長します。

IV　すぐに使えるコミュニケーションツール

> すぐに使える簡単ツール⑧：スマイルシート
> 　　　　「スタッフの笑顔を増やす」

目的（何のために）
　◇人間関係作り
　◇接客レベルの向上
メリット（得られること）
　◇スタッフ間の人間関係の向上
　◇スタッフとお客さまとの人間関係の向上

　お客様が店舗で満足するか不満に感じるかを大きく左右するのは「従業員の態度」です。あいさつをはじめ一人ひとりがお客様に対しての接し方が重要になってきます。どんなに美味しい料理を出しても、どんなにお店がきれいであってもそこで働くスタッフの態度によってまた来ようと思うお店か、もう二度と来たくないお店か別れてしまうのです。また、よりお客様に満足していただくためには笑顔での接客が必要になってきます。そこでスマイルシートを通して笑顔の出るスタッフを育成しましょう。

　スマイルシートは勤務時に笑顔がでている人を認め合うために使います。スマイルシートは名札タイプと紙に貼りだすタイプと二つあります。名札タイプの場合スタッフ全員に丸いシールを渡します。そして、勤務時に常に笑顔が出ていたスタッフに対して一言添えてシールを渡すのです。もらった人が自分自身のスマイルシートにシールを貼っていきます。

　紙に貼りだすタイプの場合もスタッフ全員に丸いシールを渡します。紙に貼り出すシートの場合、勤務時に常に笑顔が出ていた人のところにシールを貼っていくのです。

　こうして毎週朝礼等で笑顔のよく出ていた人を皆の前で店長がほめるのです。または、いままでその週に笑顔シールをもらった人を朝礼等でほめます。

図表41

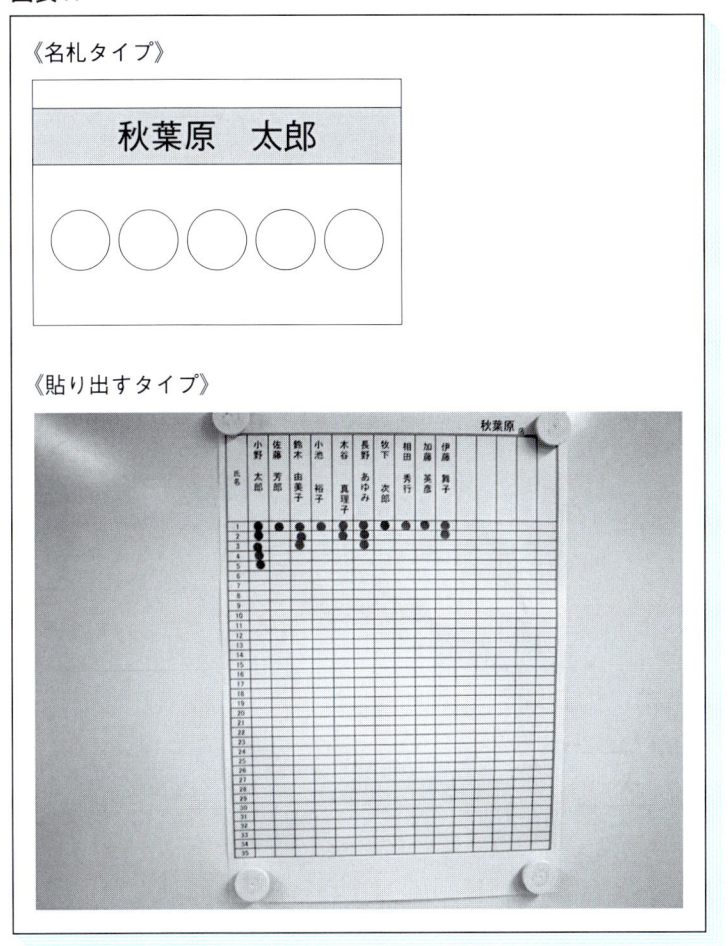

《名札タイプ》

秋葉原　太郎

○ ○ ○ ○ ○

《貼り出すタイプ》

こうすることでより笑顔のでやすいお店になるのです。店舗で働いているスタッフが笑顔がでるとお客様の好感度も向上し、新しく入ってきたスタッフも周りに感化されて笑顔がでやすくなるのです。笑顔がでていないことを責めるのではなく、笑顔が出ている人を積極的に認めることで店舗全体で笑顔がでるようにすることです。

Ⅳ　すぐに使えるコミュニケーションツール

《ポイント》
1　笑顔の出ている人を伸ばす
　　できていない人を指摘するのではなく、できている人を積極的に評価していきましょう。できている人を評価することで、できていない人も意識するようになり、できるようになります。
2　お互いに認め合う
　　店長ひとりが認めるよりも皆で認め合う環境をつくる方が効果的です。シールを全員にもたせ笑顔が出ている人を皆で積極的に認めるようにすることです。

8 簡単に作れすぐに使えるコミュニケーションツール

> すぐに使える簡単ツール⑨：おほめポスター
> 「お客様のおほめの言葉を伝えモチベーションアップ」

目的（何のために）
　◇店舗全体のモチベーション
メリット（得られること）
　◇モチベーションアップ
　◇顧客満足向上：お客様が何をすれば喜んでいただけるのかを理解する

　お客様の声をアンケートや顧客満足度調査などさまざまな形で集めたものをどのように活用しているでしょうか？　ついつい私たちはできていない所に目がいきがちです。お客様から指摘された問題点をどのように改善するかという所だけを見てしまいがちです。すると、お客様からほめられたことはそのままになってしまうことも多いのです。そこでこのお客様からのおほめを活用してみましょう。

　お客様の声は大きく4つに分かれます。それは「おほめ」「お叱り」「提案」「その他（感想等）」です。まずはお客様の声を4つに分けてみましょう。そして、おほめの声だけをまとめてポスターにします。または、おほめの声だけを連絡等に使うホワイトボードに記入します。お客様からのおほめの言葉は聞きやすく受け入れやすいのです。おほめを全員に伝えるようにしましょう。おほめを伝えるとできている人は継続し、できていない人はできるように意識するようになるのです。

　反対にお叱りを全員に伝えると「たまたまその時だけ」「忙しいから仕方ない」「人が足りないからしょうがない」といった言い訳やできない理由が出てくることが多いものです。これでは皆ネガティブになり先には進みません。お叱りは店長を中心に意識の高いスタッフで話し合いどうするかを決めて皆に決めたことを守ってもらうようにするのです。

Ⅳ　すぐに使えるコミュニケーションツール

図表42

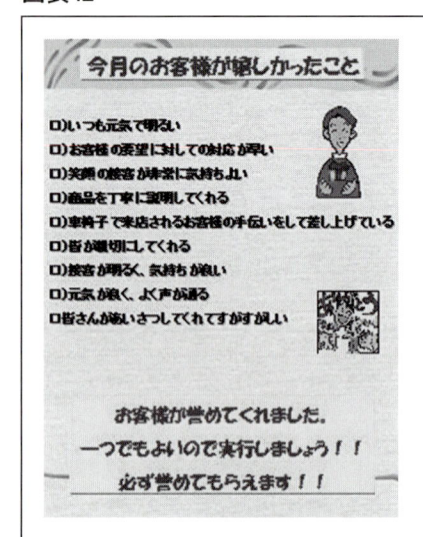

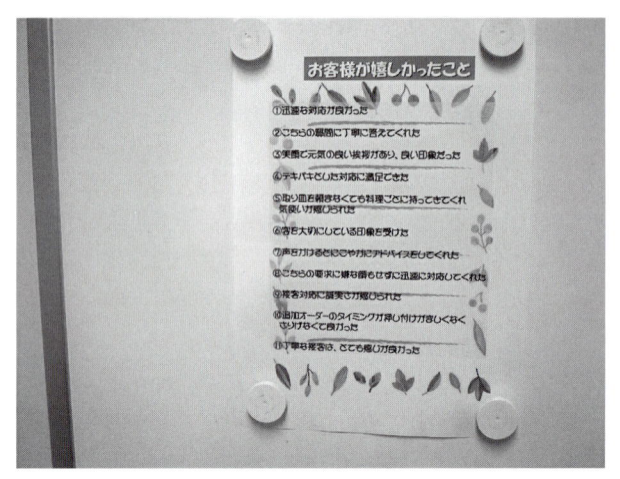

今月のお客様が嬉しかったこと
- いつも元気で明るい
- お客様の要望に対しての対応が早い
- 笑顔の接客が非常に気持ち良い
- 商品を丁寧に説明してくれる
- 車椅子で来店されるお客様の手伝いをして差し上げている
- 皆が親切にしてくれる
- 接客が明るく、気持ちが良い
- 元気が良く、よく声が通る
- 皆さんが良いあいさつしてくれてすがすがしい

お客様が誉めてくれました。
一つでもよいので実行しましょう！！
必ず誉めてもらえます！！

お客様が嬉しかったこと
① 迅速な対応力が良かった
② こちらの質問に丁寧に答えてくれた
③ 笑顔と元気の良い挨拶があり、良い印象だった
④ テキパキとした対応に満足できた
⑤ 取り皿も頼まなくても料理ごとに持ってきてくれ気遣いが嬉しかった
⑥ 客を大切にしている印象を受けた
⑦ 声かけするときにこやかにアドバイスもしてくれた
⑧ こちらの要求に嫌な顔もせずに迅速に対応してくれた
⑨ 接客対応に誠実さが感じられた
⑩ 追加オーダーのタイミングが押し付けがましくなくてよかった
⑪ 丁寧な接客で、とても感じが良かった

おほめの言葉を集めて皆が見えるところに貼り出します。
ホワイトボードに直接おほめの言葉を書くのでもOKです。

もっとおほめの言葉を積極的に伝えましょう。お客様からのおほめの言葉を伝えると前向きになり行動に移しやすくなります。おほめは全員にお叱りは店長を中心に少人数に伝えるようにしましょう。

《ポイント》

1　おほめの言葉を集める
　　お客様からのお叱りやご指摘は目にいきやすいのです。ですが、おほめに目を向けていくようにしましょう。そのためにお客様のおほめの言葉を集めましょう。

2　おほめを全員に伝える
　　おほめの言葉を集めたならば全員に伝えましょう。必ずおほめのみを伝えることです。おほめとともにお叱りを伝えると皆の視点はお叱りにいってしまいます。すると後ろ向きな発言が多くなりやすいのです。おほめだけを伝え、ほめられたことを全員ができるように促しましょう。

Ⅳ　すぐに使えるコミュニケーションツール

> すぐに使える簡単ツール⑩：取材シート
> 　　「ベテランスタッフと新人スタッフの関係作り」

目的（何のために）
　◇人間関係作り
メリット（得られること）
　◇ベテランスタッフと新人スタッフの人間関係の向上
　◇早期離職の防止

　新人スタッフは最初に人間関係をつくらないと早期離職してしまう可能性が高いものです。また、ベテランスタッフと新人スタッフとの人間関係を早いうちにつくらないとお店でもなかなかうまくいかないでしょう。そこで新人スタッフとベテランスタッフの関係を強化するために活用して欲しいのが「取材シート」です。

　これは新人スタッフが入った時に使います。ベテランスタッフが取材シートにもとづき新人と話をしながらシートを埋めていきます。取材を通してベテランスタッフと新人スタッフとの会話が生まれるようにするのです。会話をしてお互いを理解しあえば人間関係がつくれ、実際に仕事をする際にも話がしやすくなります。ただ、取材をするだけでなくベテランスタッフが自分のことを話すこともポイントです。取材した内容はベテランスタッフから朝礼やミーティング時に皆に発表すると他のスタッフも新人スタッフのことを理解し人間関係がつくりやすくなります。

　この取材シートは新人スタッフだけでなく現在在籍しているスタッフにも活用することでお互いをより理解し今以上に良い人間関係をつくっていくことができるでしょう。その際には取材された方が次の人を取材するという流れをつくっていくと良いでしょう。

8 簡単に作れすぐに使えるコミュニケーションツール

図表43

今週の「私達のお店のスタッフ紹介」

名前　_____

「　　　　　　　」が取材しました

1：入店したキッカケは？

2：趣味は？

3：特技は？

4：休みの日は何をしていますか？

5：今の抱負を

6：皆に一言どうぞ

◆取材する人は偏らないようにします。
◆新人とベテランだけでなく、全員で取材シートを用いてお互いを取材しあうと店舗全体の人間関係をつくることができる。

Ⅳ　すぐに使えるコミュニケーションツール

《ポイント》

1　お互いを理解する

　　良い人間関係をつくるにはお互いを理解することです。そのきっかけとして取材シートを活用しましょう。相手を理解し自分のことを伝えることで人間関係がつくれ仕事中でも話しがしやすくなります。

2　全員を巻き込む

　　基本は新人スタッフが入った時に活用しますが、取材を通して全員を巻き込むことで店舗全体でお互いを知ることができ人間関係を良くすることができます。

《まとめ》

　厳しい時、大変な時こそ「コミュニケーション」がより大切になる。なぜなら仕事は店舗・スタッフ・お客様と結局は「人」と「人」だからだ。店長としてより積極的にコミュニケーションがとれる環境を作り出そう。そのために今見てきたちょっとしたツール（道具）を是非活用して欲しい。

　また、このツールを参考にして自店独自のコミュニケーションツールを作成してみよう。ただし、ツールを作ることが目的にならないように注意が必要である。目的はコミュニケーションを取れより良い人間関係をつくれる環境（店舗）にすることだ。そのためにはあなたの意識（気持ち）が大切である。その手伝いをするのがツールである。使う人の意識（気持ち）によってツールが生きてくるのだ。

V　チェックシート

チェックシートを記入してみよう。
　できていない箇所があったならば、それぞれの項目の街頭ページを読んでほしい。できていない箇所を順番に読んでも構わないし、気になるところから始めても構わない。

Ⅴ　チェックシート

チェックシート：出来ているものに○をつけてください。
　　　　　　　○をひとつでも多くつけられるようにしましょう。

		項　　　目	チェック	該当箇所
良い人間関係の作り方	1	スタッフとの良い人間関係の作り方を理解している		本書 12〜53頁
	2	スタッフプラスの言葉を掛けている		
	3	叱り方を理解している		
	4	人間関係を悪くするディスカウントを理解している		
	5	短い時間で信頼関係をつくる方法を理解している		
	6	短い時間で信頼関係をつくる方法を実践している		
	7	うまくいく会話のルールを理解している		
	8	うまくいく会話のルールを実践している		
	9	スタッフ、お客様との良い関係をつくるために心の顔を理解している		
	10	自分の心の状態がどうなのかを理解している		
	11	スタッフ、お客様との良い関係をつくるための具体的な方法を実践している		
モチベーションアップ	12	スタッフのモチベーションアップ法を理解している		本書 56〜77頁
	13	スタッフのモチベーションアップ法を実践している		
	14	モチベーションアップミーティングを理解している		
	15	モチベーションアップミーティングを実践している		
	16	ミーティングを通して問題解決を行っている		
こじれる会話	17	こじれる会話を理解している		本書 80〜111頁
	18	こじれる会話の解消法を理解している		
	19	自分自身がよく巻き込まれるこじれる会話を理解している		
	20	自分自身が巻き込まれる会話の解消法を実践している		
コミュニケーションツール	21	コミュニケーションを良好にするためのツールを理解している		本書 114〜144頁
	22	コミュニケーションを良好にするためのツールを活用している		
	23	モチベーションをアップするためのツールを理解している		
	24	モチベーションをアップするためのツールを活用している		
	25	ツールを活用して皆を巻き込んでいる		

おわりに

　シリーズの第4弾は「店舗内活性化」をテーマにみてきた。

　店舗はひとりでやっているのではない。皆の協力があってはじめて目標を達成することができる。店長であるあなたひとりがどんなに能力（知識＋経験）が高くても周りの協力がなければお店をより良くしていくことは難しい。一緒に働いているスタッフを巻き込み、全員がひとつになって進めることである。

　また、お店に来られているお客様と良い関係を築くことも必要である。

　これらを達成するにはあなた自身のコミュニケーション能力を高めていくことと店舗内の環境をお互いが認め合えるようにしていくことである。

　コミュニケーションをとって人間関係をつくり、店舗内の環境を整えてモチベーションをアップさせ結果を出していく。そのためにどうすれば良いのかを本書を通して一つひとつ見てきた。人間関係がうまくいくルールに従って進めることやツールを活用することで今以上により良いコミュニケーションをとることができ、店舗内を活性化させることができるだろう。

　ただし、最終的には「人」と「人」とのやりとりである。あなた自身が心の底からお店を良くしたい、店内を認め合う環境にしたい、来られたお客様に満足していただきたいといった気持ちがなければ相手には伝わらない。「心」がこもっていなければ相手は動かないだろう。

　最後はあなたの「心次第」ということだけ頭に入れておいて欲しい。全てはあなた次第なのだ。

●著者紹介

㈱ディー・アイ・コンサルタンツ

平成3年設立。成功の入り口である「高精度売上予測」と運営の要である「実力店長短期育成」を両輪としてコンサルティング活動を開始。これまでに数多くの大手飲食・小売・サービス業のチェーンに対する売上予測システム構築、売上予測調査、実力店長短期育成システム構築を行い、高い評価を得ている。

現住所：〒101-0032
　　　　東京都千代田区岩本町 3-9-13
　　　　寿共同ビル 3F
　TEL：03-5833-8588
　FAX：03-5833-8589
　http://www.di-c.co.jp

2010年11月19日　第1刷発行

誰もが認める実力店長シリーズ④
実力店長の店舗内活性化編

編著者　Ⓒ　ディー・アイ・コンサルタンツ
発行者　　　脇　坂　康　弘

発行所　株式会社　同友館
　　　　　　　　　　東京都文京区本郷 6-16-2
　　　　　　　　　　郵便番号 113-0033
　　　　　　　　　　TEL 03 (3813) 3966
　　　　　　　　　　FAX 03 (3818) 2774
　　　　　　　　　　www.doyukan.co.jp

乱丁・落丁はお取り替えいたします　●印刷／三美印刷　●製本／松村製本所
ISBN 978-4-496-04564-6　　　　　　　　　　　　　　Printed in Japan

本書の内容を無断で複製(コピー)、引用することは特定の場合を除き、著作者・出版社の権利侵害となります。

DIC編著「誰もが認める実力店長シリーズ」①〜⑤

誰もが認める実力店長シリーズ・①
実力店長の
パート・アルバイト
採用編
定価1,680円(税込)　A5判・並製・2色刷

誰もが認める実力店長シリーズ・②
実力店長の
パート・アルバイト
トレーニング編
定価1,680円(税込)　A5判・並製・2色刷

誰もが認める実力店長シリーズ・③
実力店長の
社員トレーニング編
定価1,680円(税込)

誰もが認める実力店長シリーズ・④
実力店長の
店舗内活性化編
定価1,680円(税込)

誰もが認める実力店長シリーズ・⑤
実力店長の
売上・利益獲得編
定価1,680円(税込)

同友館